JN098538

ポール スラード 著

松丸未来・下山晴彦 監訳
浅田仁子 訳

若者のための認知行動療法ワークブック

A COGNITIVE BEHAVIOURAL
THERAPY WORKBOOK
FOR ADOLESCENTS AND
YOUNG ADULTS

考え上手で、いい気分

Ψ
金剛出版

This edition first published 2019

© 2019 John Wiley & Sons Ltd

Edition History

John Wiley & Sons Ltd (2002)

Stallard, Paul

Thinking good, feeling better : a cognitive behavioural therapy workbook for adolescents and young adults/Paul Stallard, professor of Child and Family Mental Health, University of Bath, UK and Head of Psychological Therapies (CAMHS), Oxford Health NHS Foundation Trust, UK.

Japanese translation rights arranged with John Wiley & Sons, Limited.
through Japan UNI Agency, Inc., Tokyo

監訳者まえがき

　子どもと認知行動療法はとても相性が良いのです。なぜなら，問題が整理され，自己理解が深まり，その上で，具体的な対処法が身に着けられるからです。

　この約20年間，元々大人向けだった認知行動療法を子どもにも役立てるにはどうしたら良いかということが考えられてきました。始めは，大人向けのものをただわかりやすくアレンジしていました。しかし，子どもの問題（抑うつ，不安障害，強迫性障害，PTSD など）に見られる認知の偏向性や子どものための認知行動療法の技法の有効性が研究され，発達的課題や言語能力，子どもを取り巻く家族や学校などの環境要因なども考慮され，子どもたちの世界から生まれた認知行動療法へと発展してきました。本書の著者である英国バース大学のポール・スタラード教授は，子どもと若者の認知行動療法の第一人者です。多くの子どもたちと向き合う臨床経験と有効性を確かめる研究の積み重ねによって，「子どもと若者のための認知行動療法」の分野を確立しました。その結果が，本書です。

　本書は，子どもや若者の世界を理解し，子どもの視点から語られ，子どもに役立つ技法が満載のワークブックです。最初に，認知行動療法の概論が説明されています。そして，子どもや若者の認知行動療法がどういうものか，つまり子どもが興味を持ち，主体的に取り組むためにはどのような工夫が必要であるかが具体的に書かれています。動機づけ面接や認知行動療法の限界に関しても触れています。

　本書の主要な部分は，子どもや若者にそのまま使えるワークブック形式になっています。スタラード教授が本書で「セラピストの道具箱」と全体像を示していますが，本書は単なる技法のためのワークシートだけではなく，心理教育のためのわかりやすい教材が用意されています。また，第三世代の認知行動療法が盛り込まれています。そして，第二世代の認知行動療法の技法は，重要な過去の出来事から形成される思い込みを探ったり，現在の思考・感情・行動の悪循環（思考の罠）と関連させたりして，問題を外在化し自己理解を深めた上で，子どもが主体的に取り組めるようにします。全体を通して，子どもや若者を尊重し，努力していることやできる

ようになったことへの賞賛が重要視されています。

　現代は，子どもや若者の抑うつや不安といった情緒的問題が増加しています。それは，不登校やいじめ，自傷行為などの行動的問題とも関連し，社会問題となり，対処や予防が必要とされています。そのような社会の中で，本書は，個人療法としてはもちろんのこと，集団対象や予防教育の一環としても多くのアイディアを提供し，幅広く利用できます。本書は，「子どものための認知行動療法」と「若者のための認知行動療法」の2冊があり，前者は，小学生から中学生向けです。後者は，中学生以上，ティーンエイジャー向けです。中学生は個人差がありますので，小学生向けのほうが適している場合は前者を選んでいただければと思います。

　本書は，心理の専門家のみならず，医療や教育（特別支援教育も含めて）や福祉分野など子どもに携わる専門家の方々にも手に取っていただき，保護者の方々，そして何より子どもと若者の手に届けば幸いです。

　出版にあたり，金剛出版の中村奈々さん，訳者の浅田仁子さんには多大なご協力をいただきました。感謝いたします。

2020年春

松丸未来

下山晴彦

著者について

　ポール・スタラードは，バース大学の Child and Family Mental Health の教授であり，Oxford Health NHS Foundation Trust の心理療法部門（CAMHS = Child & Adolescent Mental Health Services，子どもや若者を対象としたメンタルヘルス・サービス）のトップでもある。1980年にバーミンガムで臨床心理士の資格を得て以来，30年以上にわたって子どもや若者を対象とした臨床心理活動に携わっている。

　臨床面では，子どもと若者のための認知行動療法（CBT）クリニックの責任者として，子どものメンタルヘルス専門医チームを組み，治療に取り組みつづけている。治療対象とする情緒障害は，不安，抑うつ，強迫性障害（OCD），外傷後ストレス障害（PTSD）など，幅広い。

　また，子どもと若者に適用する CBT の開発と活用に関しては，国際的に活躍する専門家でもあり，数多くの国で訓練を行なっている。広く活用されている『子どもと若者のための認知行動療法ワークブック——上手に考え，気分はスッキリ』（金剛出版）の著者であり，『子どもと家族の認知行動療法』（誠信書房）シリーズの編集者でもある。

　研究者としての活躍も目覚ましく，その成果は，同分野の専門家から高く評価され多大な影響力をもつ数々の定期刊行物に広く発表されている。最近の研究プロジェクトとしては，抑うつと不安を対象として学校単位で行なう大規模な CBT プログラムや，子どもや若者への eHealth の活用などがある。

謝　辞

　こうして本書を上梓できたのは，多くの方々が直接，間接にご尽力くださったおかげです。

　まず，家族のロージィ，リューク，エイミーにありがとうといいたい。3人はわたしをはげましつづけ，熱心に応援しつづけてくれました。わたしは臨床業務や執筆に明け暮れ，出張に長く時間を取られることもたびたびありましたが，このプロジェクトを支えようという3人の気持ちは常に揺るぎないものでした。

　次に，本職に就いて以来，多くのすばらしい同僚に恵まれて研究をつづけてこられた幸運に感謝します。彼らと行なった数多くの臨床上の論考は，さまざまなアイディアとして，本書のそこここに活かされています。なかでも，10年以上にわたって同じ認知行動療法クリニックで働いてきたケイトとルーシーには，特に感謝しています。ふたりの忍耐力，創造性，配慮のおかげで，わたしは本書のためのアイディアを存分に発展させ，検討することができました。

　さらに，これまでに出会うことのできた子どもたちや若者たちにも感謝の気持ちを伝えたいと思います。困難な課題を克服しようとするみんなの決意に，わたしはおおいに勇気づけられ，効果的な心理的介入をもっと利用しやすいものにする方法をなんとしても見つけようという気持ちをもちつづけることができました。

　最後に，本書の読者諸氏に感謝の意を表します。みなさんがここに収めた素材を活用して，若者がその人生を真に変えられるよう手助けしてくださることを心から願ってやみません。

オンライン・リソース

　本書を**購入された方**は，オンラインで提供されている本書のテキストと
ワークシートをすべて，**カラー版にて，無料でご利用いただけます**（**サイト
は英語のみ**）。クライエントとの取り組みにいかようにも役立つこれらの素
材にアクセスしてダウンロードするには，以下のサイトをお訪ねください。

www.wiley.com/go/thinkinggood

　このオンライン機能を利用すれば，ワークブックの適切な箇所をダウン
ロードしてプリントし，若者との臨床の場で使うことができます。そうし
てプリントした素材は，セッションの構成や補足に活用することもできれ
ば，家庭での課題として若者に仕上げてもらうこともできます。
　オンラインの素材は自由に工夫して活用いただけますし，何度でも必要
なだけダウンロードしていただけます。

オンライン・リソースですが，日本語版は作成しておりません。
日本語のワークシートが必要な方は，本著のワークシートを自由にコピーして
お使いください。
英語版のワークシートのダウンロードは，原著の購入が必要となります。

目　次

若者のための認知行動療法ワークブック
考え上手で, いい気分

Thinking Good, Feeling Better

A Cognitive Behavioural Therapy Workbook for Adolescents and Young Adults

◀第1章▶ 認知行動療法
理論的な起源，根拠，技法

　認知行動療法（CBT）は，認知的プロセス，感情的プロセス，行動的プロセスの三者間の関係に焦点を絞った心理療法的介入を指す総称です。認知は感情および行動に対して重要な役割を果たしており，認知行動療法は，その認知の役割に関する気づきを促すことを全体の目的としています（Hofmann, Sawyer, and Fang 2010）。したがって，認知行動療法には，認知理論と行動理論双方の中核的要素が含まれており，KendallとHollon（1979）は，認知行動療法を次のように定義しています。

　　その子どもが問題の出来事をどう解釈し，何を原因だと考えているのか──こうした認知的側面を重視する具体的な文脈のなかで，行動療法の技法を役立てようとすること。

認知行動療法は，思考（認知），気分（感情），行動の
三者間の関係に焦点を絞っている。

　1900年代初期，認知行動療法はランダム化比較試験によって，子どもやティーンエイジャーに役立つことが初めて明らかにされました（Lewinsohn et al. 1990; Kendall 1994）。以来，数多くのランダム化比較試験の結果が報告されるようになり，子どもの心理療法のなかでも最も広範に研究された治療法としての地位を確立してきた（Graham 2005）だけでなく，さまざまなレビューにおいて，種々の問題を抱える子どもやティーンエイジャーに有効に働く介入法であることも認められてきました。治療効果が証明されているものには，不安（James et al. 2013; Reynolds et al. 2012; Fonagy et al. 2014），抑うつ（Chorpita et al. 2011; Zhou et al. 2015; Thapar et al. 2012），外傷後ストレス障害（Cary and McMillen 2012; Gillies et al. 2013），慢性痛（Palermo et al. 2010; Fisher et al. 2014），強迫性障害（Franklin et al. 2015）などがあります。

　効果を証明する実質的な知見が体系化されると，認知行動療法は，英国国立臨床研究所（NICE）や米国児童青年精神医学会（AACAP）などの専門家グループによって，抑うつや強迫性障害，外傷後ストレス障害，不安障害などの情緒障害に苦しむ若者の治療法として奨励されるようになりました。こうして証拠が増加したことで，英国でも，認知行動療法の国家トレーニング・プログラムやImproving Access to Psychological Therapies（IAPT）の開発が進み，今では，それが子どもや若者にまで拡大されてきています（Shafran et al. 2014）。

認知行動療法は経験的に支持された心理的介入法である。

▶ 認知行動療法の基盤

　認知行動療法は，長年をかけて主たる三つの段階，すなわち3世代を経て進化してきた介入法の総称です。第一世代は行動療法であり，行動と感情の関係に焦点を絞っていました。この介入法では，学習理論を用いれば，役に立たない行動に代わる新たな行動が身につくとされていました。第二世代の認知療法は，行動療法を基盤としたもので，出来事に対する主観的な意味づけや解釈に焦点を絞っています。こうした認知を下支えするバイアスの内容を，正面から問題にして検証すると，より有用で偏りのない機能的な考え方ができるようになるというわけです。第三世代の認知行動療法は，思考や感情を積極的に変えようとするのではなく，思考および感情と当人との関係性を変えることに焦点を絞っています。思考と感情を，現実を示す証拠としてではなく，必然の心的・認知的プロセスとして認めるのです。第三世代のモデルには，アクセプタンス＆コミットメント・セラピー（ACT），コンパッション・フォーカスト・セラピー（CFT），弁証法的行動療法（DBT），マインドフルネスに基づいた認知行動療法（MCBT）などがあります。

▶ 第一世代──行動療法

　最初に認知行動療法の発展に影響を及ぼしたのは，パブロフ（Pavlov 1927）と古典的条件づけ理論です。パブロフは，対提示を繰り返すことによって，生来の反応（たとえば唾液の分泌）を特定の刺激（たとえばベルの音）と結びつける（すなわち，条件づけする）ことができると強調しました。その研究は，たとえば不安などの感情的な反応が特定の出来事や状況（ヘビ，混雑した場所など）と条件づけられる可能性があることを証明しました。

感情的な反応は特定の出来事と結びついている。

　ウォルピ（Wolpe 1958）は，この古典的条件づけを人間の行動や臨床上の問題にまで拡大して，系統的脱感作を開発しました。系統的脱感作は，不安を引きおこす刺激（たとえばヘビを目撃すること）と，それに拮抗する反応（リラクセーション）を生み出す別の刺激とを対提示することによって，不安反応を相互に抑制するという方法で，現在，臨床の場で広く用いられています。たとえば，リラックスした状態を保ちながら次第に強い不安状況にさらしていくという段階的エクスポージャーは，現実にその場で不安を感じるやり方と，不安な状況を想像してもらうやり方双方で，用いられるようになっています。

感情的な反応は変えることができる。

　次に大きな影響を及ぼしたのはスキナー（Skinner 1974）の研究です。スキナーは，環境的影響が行動に与える重要な役割を強調しました。これは，オペラント条件づけとして知られるようになったもので，先行する出来事（設定条件）と結果（強化因子）と行動の三者間の関係に焦点を絞っていました。本質的に，ある行動の発生回数が，肯定的な結果があとにつづくという理由，もしくは，否定的な結果があとにつづかないという理由で増えているとしたら，その行動は強化されているのです。したがって，結果か，それを引きおこす条件を変えれば，行動を変えることができるというわけです。

> 先行する出来事と結果を変えれば，行動を変えることができる。

　バンデューラ（Bandura 1977）は社会的学習理論を提唱し，認知プロセスの媒介的役割を認識すべきであると主張しました。環境のもつ役割は認められましたが，行動療法は，刺激と反応の間に介在する認知の重要性を強調する方向に進んでいきました。社会的学習理論は，他者を観察することで学習が発生しうることを証明し，自己観察，自己評価，自己強化に基づくセルフ・コントロール・モデルを提案しています。

▶ 第二世代——認知療法

　行動療法は効果的であることが明らかになりましたが，発生した出来事に個人が付与する意味や解釈に充分な注意が払われていない点を批判されました。これをきっかけに，認知療法の開発に対する関心が高まりました。認知療法は，出来事に対する当人の処理と解釈の仕方，および，それらが感情と行動に及ぼす影響に，直接焦点を絞っています。

　この段階に大きな影響を与えたのが，エリス（Ellis 1962）とベック（Beck 1963, 1964）の先駆的研究です。エリス（1962）が開発した理性感情療法（RET）は，認知と感情の間の中核的関係を基盤とするもので，このモデルでは，感情と行動は出来事の解釈の仕方によって生じるものであり，出来事自体によって生じるのではないとされています。したがって，反応の誘因となる出来事（A）は信念（B）によって評価され，その結果として感情（C）が生じるのです。信念は合理的なこともあれば，非合理的なこともあります。非合理的な信念は，そうした信念から発生しがちな否定的感情状態や，そうした信念によって維持されがちな否定的感情状態を伴っている可能性があります。

> 認知と感情はつながっている。

　適応性を欠く歪んだ認知が抑うつの発現と持続に果たす役割は，ベックの研究によって明らかにされ，『うつ病の認知療法』（邦訳：岩崎学術出版社）にまとめられて出版されました（Beck 1976; Beck et al. 1979）。このモデルでは，情緒的な問題が生じるのは，さまざまな出来事が偏った認知処理によって，役に立たない否定的な形に歪められるためだとされています。心に内在す

るこのような偏った考え方は，中核的思いこみすなわちスキーマと呼ばれています。中核的思いこみは，柔軟性を欠き，変化に抵抗し，全体に影響を及ぼす考え方で，子ども時代に形成されると考えられています。

　思いこみは，その発生原因となった出来事を思い出させる出来事によって活性化されます。いったん思いこみが活性化されると，注意や記憶や解釈の処理バイアスは，その思いこみを支持する情報を，フィルターをかけて選択します。注意のバイアスは，その思いこみを裏づける情報に注意を集中させるようになり，中立的な情報や矛盾する情報は見落とします。記憶のバイアスは，思いこみと一致する情報を想起させるようになり，解釈のバイアスは，思いこみと一致しない情報はすべて，最小に見積もるように働きます。

偏りのある歪んだ認知は，不快な感情を生み出す。

　いったん活性化された強固な思いこみは，さまざまな自動思考——最もアクセスしやすいレベルの認知——を生み出します。自動思考すなわち「セルフ・トーク」は，無意識のうちに浮かんで頭のなかを駆けめぐる思考の流れで，今おきている出来事について，絶え間なくコメントしつづけます。こうした自動思考の内容は，一般的に認知の三要素と言われる自己，世界，将来に関するものになる傾向があります。

　思いこみは，機能上，自動思考と結びついているため，偏りのある歪んだ思いこみは否定的な自動思考を生むことになります。否定的な自動思考はきわめて自己批判的であり，不安や怒りや不満などの不快な感情状態を発生させ，引きこもりや回避といった役に立たない行動を引きおこします。

　機能性を欠く認知や処理バイアスと結びついた不快な感情や無用の行動は，元の思いこみを強化し維持する働きがあるため，当人は終わりのない悪循環にはまっていきます。認知プロセスと他の感情状態と心理的な問題とのこの関係は，充分に立証されています（Beck 2005）。

　介入の目的は，歪んだ認知と処理の具体的内容を特定して見直し，もっとよく機能するバランスの取れた認知を発達させることです。そうした認知が育つと気分が改善され，それが回避や引きこもりを減らします。

認知のバイアスは不快な感情を生み，行動の取り方に影響を及ぼす。

▶ 認知モデル

　以下のモデルは，機能性を欠く認知プロセスが生まれ，活性化され，行動や感情に影響を及ぼすようになる過程を，主にベックの研究に基づいて図にまとめたものです。

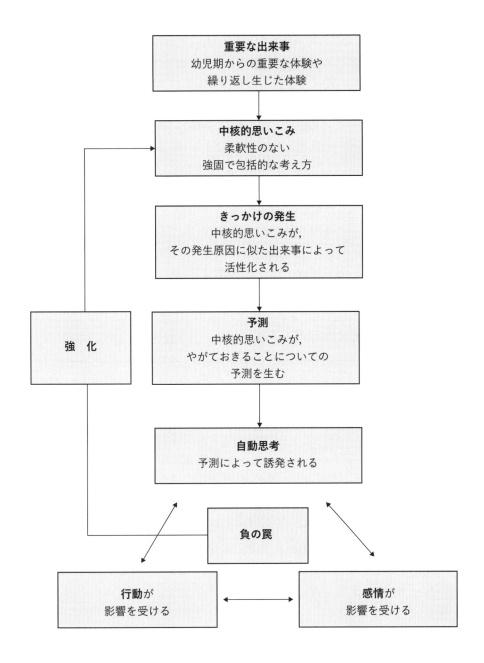

　幼児期のさまざまな体験や育てられ方が柔軟性のない強固な考え方，すなわち中核的思いこみ／スキーマを発達させるという仮説が立てられています。こうした思いこみ／スキーマは，その発生原因となった出来事に似た出来事によって活性化され，世界を理解するときの枠組みを形成します。新たな情報や体験はこの思いこみ／スキーマに照らして評価され，それを判断材料にして，のちにおこりうることが予測（推論）されることになります。

　たとえば，「自分はダメ人間だ」という中核的思いこみは，試験などの重要な出来事によって活性化される可能性があります。その結果，「どんなにがんばったって，よい点なんか取れっこないよ」などと推論するかもしれません。思いこみと推論は自動思考の流れを生み出します。そうした自動思考には，当人に関するもの（「わたしなんて，ばかに決まってる」），遂行能力に関するも

の（「こんなの，できっこない」），将来に関するもの（「試験にはずっと受からないだろう」）があります。そして，これらは感じ方（不安だ，みじめだ，など）や行動（復習しなくなる，意欲を失う，など）に影響を及ぼし，次に，「自分はダメ人間だ」という元の思いこみを強化するのです。

　認知行動療法は，さまざまなレベルの認知の理解に加えて，その認知の具体的内容と，処理上の機能的障害やバイアスの性質にも注意を払います。処理上の機能的障害やバイアスの特異性については，それらが特定の感情的問題と結びついているという前提があります。それらが互いに排他的になることはありませんが，一般的な傾向はいくらかあります（Garber and Weersing 2010）。

　たとえば，不安のある若者は概して，将来や自分に及ぶ脅威，危険，脆弱性，対処能力の欠如に対する認知とバイアスをもちがちです（Schniering and Rapee 2004; Muris and Field 2008）。抑うつは，喪失や欠損，個人的な失敗に関する認知と結びついている傾向があり，絶望感を増大させる反芻を伴います（Kendall, Stark, and Adam 1990; Leitenberg, Yost, and Carrol-Wilson 1986; Rehm and Carter 1990）。攻撃的な若者の場合は，曖昧な状況のなかに見てとる攻撃的な意図が多く，他者の行動の意図を判断する際に，あまり手がかりに注目しようとしない傾向が強いほか，話し合いで問題を解決しようとすることが少ない傾向もあります（Dodge 1985; Lockman, White, and Wayland 1991; Perry, Perry, and Rasmussen 1986）。

　認知の歪みに取り組む介入は，若者が役に立たない偏った認知や思いこみ，スキーマに対する自覚を深め，それらが行動と感情に及ぼす影響をよく理解できるようにすることに的を絞っています。プログラムは主に，セルフ・モニタリング，適応性を欠く認知の特定，思考の検査，認知の再構成などが用いられます。

> 認知を見直して変化させると，気分を改善することができる。

　この研究を発展させたスキーマ・フォーカスト・セラピーはヤング（Young 1994）が開発したもので，従来の認知行動療法では効果が上がらなかったクライエントや，その治療をつづけながらも再発したクライエントを対象としています。スキーマ・フォーカスト・セラピーが基盤とするのは，一部に，生涯にわたって自滅的な行動パターンを形成しつづけ，そうした行動を繰り返し取りつづける人々がいるようだという認識です。ヤングの提言によれば，これは，幼少期に獲得した適応性を欠くスキーマ，すなわち，子ども時代に形成された柔軟性のない強固な考え方によるものです。こうした考え方は変化に強い抵抗を示します。また，これらは特定のトラウマや養育スタイルと結びついていて，子どもの基本的な情緒的欲求が満たされない場合に発現します。すでに，15の主要スキーマの存在を支持するエビデンスが報告されており（Schmidt et al. 1995），それにつづいて，ティーンエイジャーのみならず8歳の子どもにも，認知スキーマが存在することを特定する研究が行なわれています（Rijkeboer and Boo 2010; Stallard 2007; Stallard and Rayner 2005）。スキーマ・フォーカスト・セラピーがとりわけ注目するのは，具体的な状況と出来事ではなく，過去と，生涯にわたってつづくこうしたパターンの理解です。

適応性を欠く認知的スキーマ／思いこみは子ども時代に発達する。

▶ 第三世代——受 容, 思いやり, マインドフルネス
<small>アクセプタンス　コンパッション</small>

　第二世代の認知療法は非常に効果的であることが証明されましたが, 万人に効くわけではありません。特定の認知に対して積極的に異を唱え, それを再検討するというやり方を難しいと感じたり, 好ましくなく思ったりする人もいます。また, 数多くの研究が強調しているとおり, 認知の変化は必ずしも情緒面での充足感の改善に結びついているとは限りません。認知の内容を直接かつ明白に問題にしなくても, 変化はおこります。このことがきっかけとなり, 第三世代の認知行動療法と呼ばれるものが生まれることになりました。認知行動療法は, 認知内容を積極的に変えることではなく, 当人と当人自身の内的出来事との関係性を変えることに焦点を絞っています。関係性を変えるには, 健康と生活充足感を改善するスキルを身につけ, それらを日常生活のなかに取り入れなくてはなりません。

　　第三世代の認知行動療法は, 原理に焦点を絞った経験的アプローチを基盤とするものであり, さまざまな心理現象の型のみならず, その内容と機能にとりわけ敏感に反応する。したがって, より直接的かつ教育的な方略に加えて, 文脈と経験を変えるための方略を強調する傾向がある (Hayes 2004)。

思考と感情は, 今まさに進行中の内的な出来事であって, 現実を表わすものではない。

　アクセプタンス＆コミットメント・セラピー (ACT) は, スティーヴン・ヘイズが開発したもので, 受 容 とマインドフルネスを使って不快な思考と感情に向き合い, それらをそのまま体験して受け入れようとするものです (Hayes, Strosahl, and Wilson 1999; Hayes et al. 2006)。若者はこのセラピーを通して, 不快な体験や感情, 思考を耐えがたい出来事だと考えて変えようとするのではなく, それらとともに生きていくことを受け入れられるようになります。

　アクセプタンス＆コミットメント・セラピーは六つの心理的プロセスを活用して, 心理的柔軟性——今この瞬間と内的体験とに防衛することなくつながる能力——を育みます。最初のプロセスは 受 容 で, 今ここでおきている内的体験を, 進行中の体験として積極的に受け入れます。二つ目は認知的衝動解離で, 体験の文脈を変えることによって, その体験の衝撃を和らげます。思考と感情は, まさに思考と感情に過ぎないのだと受け入れられるようになることで, それらを正そうとする生来の傾向に抵抗するのです。

　三つ目のプロセスでは, マインドフルネスに基づくテクニックを使い, 注意を集中させた状態で, 内的な出来事についても外的な出来事についても判断を加えることなく, 今ここに関する自分の気づきを深めていきます。四つ目のプロセスでは, セラピストの助けを借りて自己イメージを創り, 五つ目のプロセスで, 自分にとって重要な意味をもつ生活のさまざまな側面を特定することに集中します。これらの価値観は, やる気をおこして将来の行動を導くための内的枠組み——

目下の枠組み——を提供してくれます。最後に，コミットされた行動では，自分の価値観を追求しながら，受 容（アクセプタンス）と認知的衝動解離（脱フュージョン）の練習と，今ここにいつづける練習にしっかり取り組みます。

> 湧き上がってきた思考や感情は，
> 変えようとしたり取り除こうとしたりしないで，受け入れよう。

コンパッション・フォーカスト・セラピー（CFT）は，心がどう働くかを理解しようとするもので，厳しく自己批判や自己反省をする人は自分自身になかなか優しくできないという観察結果から生まれました。ギルバート（Gilbert 2014）は，自分に優しくできない原因について，情動の進化に関わる基本システム——保護と動機づけと鎮静を目的として設計されたシステム——にアンバランスが生じているからではないかといっています。そうした基本的なシステム（古い脳）が，比較的最近発達したメタ認知的なシステム（新しい脳）を乗っ取ってしまうというわけです。新しい脳のおかげで，想像や理由づけ，反芻が可能になりますが，古い脳の防御システムと推進システムがすべてを支配すると，認知プロセスは脅威に惹きつけられ，脅威に対する意識を強めるようになります。そうなると，不快な感情の抑制や肯定的な感情の刺激によって自分自身を鎮める能力が充分に働かなくなり，その結果，心が休まらなくなったり，自分自身に満足できなくなったりします。

コンパッション・フォーカスト・セラピーが焦点を絞るのは，安心感を得られるようにし，自分自身を落ち着かせる力をつけ，自己批判をやめて自分に優しくできるようにすることです（Gilbert 2007）。これらを可能にするために，思いやりのある心を育てるトレーニングが行なわれます。このトレーニングでは，温かな気持ちや優しい気持ちをもてるようにし，同時に，より効果的に心を鎮める方法を身につけていきます。

思いやりのある注意を向けられるようになると，自分の思考や感情に対してマインドフルでいられるようになり，自分の強みや肯定的なスキル，優しい行為に集中できるようになります。思いやりのある推論ができるようになると，これまでよりバランスの取れた優しい思考ができるようになり，自己批判をするのではなく，思いやりのある取り組み方をするようになります。思いやりのある行動を取るようになると，怖い出来事に立ち向かったり，自分自身に優しくしたりするなど，有用な行動を取ることができるようになります。思いやりのある想像力は，肯定的な自己イメージを生み出し，自分にとって重要な価値観を促進するのに役立ち，思いやりのある感情は，他者からの優しい行為に気づき，それらを味わうのに役立ちます。

> 自分自身を大切にし，自分自身に対して，思いやりをもって優しくできるようになろう。

最近開発された治療法には，弁証法的行動療法（DBT）もあります。これはマーシャ・リネハンが開発したもので，破壊的で役に立たない行動のパターンを変えることを目的としています（Linehan 1993）。この治療法の基盤には，心理的な問題は感情を制御するスキルに障害があるために発生するという前提があります。治療の焦点は，感情の高ぶりにつながるトリガーに対する

意識を高め，ストレスの対処や感情の制御，関係性の改善に役立つさまざまなスキルを身につけることにあります。

弁証法的行動療法は，万物は正反対のもので構成されているとし，感情の制御と苦痛に対する耐性を改善するには，受容と変更の双方が必要であるとしています。したがって，苦痛の原因となるような出来事や思考，感情が発生することは受け入れますが，それへの対応の仕方は変えていきます。これをやり遂げるために，弁証法的行動療法は，マインドフルネス，苦痛に対する耐性，感情の制御，対人関係の有効性という中核的分野におけるさまざまなスキルを開発しています（Koerner 2012）。

マインドフルネスは，きわめて不快な感情が生じたときに，それらに打ちのめされるのではなく，なんの判断も加えずにそれらを観察し，受け入れ，それらに対して寛大になるのに役立ちます。また，注意をそらす，自分の心を鎮めるなど，さまざまなテクニックを使い，苦痛にどう対応して耐えるかについて，賢明な判断ができるようにもなります。すなわち，苦痛を引きおこしている状況や出来事を変えようとするのではなく，苦痛を許容できるようになることを目ざそうというのです。感情を制御するスキルは，感情の徴候，トリガーとなる出来事，問題の解決方法に対する気づきを深めることで，身につけていきます。最後は，対人関係の有効性を向上させるスキルと方略で，自他を尊重して自己主張するアサーティブな態度を身につけ，他者との対立にうまく対処できるようになることを目ざします。

苦痛を受け入れて耐え，感情を管理し，対人関係の有効性を高めよう。

最後に紹介するマインドフルネスをベースにした認知行動療法（MCBT）は，ジンデル・シーガル，マーク・ウィリアムズ，ジョン・ティーズデイルが開発したもので，ジョン・カバット・ジンが先鞭をつけた研究を基盤としています。仏教の瞑想技法を用いて今ここに積極的に注意を集中させることで，認知的な気づきを深めようというものです。この治療法では，好奇心をもって思考や感情を観察して受け入れますが，判断はいっさい下しません。そのようにすることで，認知と感情を，今まさに生じていて，いずれは消えていくものとして体験するようになります。気づきが深まれば，自分の思考や感情とうまく取り組めるようになります。ねらいは，思考の内容を変えることではなく，それを，自己とは別の内的な出来事として体験し，判断することなく受け入れるようになることにあります（Segal, Williams, and Teasdale 2002）。

好奇心をもち，いっさい判断することなく，今ここに注意を集中させよう。

▶ 認知行動療法の中核的特徴

「認知行動療法」は，多岐にわたるさまざまな介入法をいう総称ですが，そうした介入法には，共通する多くの中核的特徴があります。

認知行動療法は理論的に規定されている

　認知行動療法は，実証的に検証可能なモデルに基づくものであり，強力な理論モデルがその介入原理を規定しています。すなわち，認知は感情の問題と結びついていて，介入によって行なわれるべきこと——認知もしくは当人と認知との関係性を変えるべきこと——を知らせているということです。したがって，認知行動療法は，原理に基づいた一貫性のある介入法であり，単に，いろいろな技法の寄せ集めではありません。

認知行動療法は協働モデルに基づいている

　認知行動療法の重要な特徴の一つは，協働的プロセスをたどるということです。若者は，最終の達成目標を特定し，それに至るまでの具体的な目標を設定し，実験し，練習し，その出来栄えをモニタリングするなかで，積極的な役割を担います。セラピストは，若者が自己コントロール力を伸ばし，それをより効果的なものにするのを手助けするために，その成就に役立つ枠組みを提供します。また，若者との協力関係を築き，若者がそのなかで，自分の問題に対する理解を深め，これまでとは違う考え方や行動の仕方を見つけられるようにもします。

認知行動療法には期限がある

　認知行動療法は短期で行なわれることが多く，通常，回数が制限されていて，多くても16セッション，多くの場合はそれ以下のセッション数で終了します。介入期間が短いというこの特質は，クライエントの自立とセルフ・ヘルプを促します。このモデルは，若者とのワークにも容易に適用できます。若者に適用する場合，成人を対象とするセッションより，かなり短期になります。

認知行動療法は客観的で，構造化されている

　認知行動療法は構造化された客観的なアプローチで，若者は，アセスメント，問題の定式化，介入，モニタリング，評価というプロセスをたどります。介入の最終達成目標とそれに至るまでの具体的な目標は明確に定め，定期的に見直しをします。その際には，定量化と評点の使用が重視されます（たとえば，不適切な行動の頻度，思いこみの強度，落ちこみの程度など）。定期的にモニタリングと見直しをすることによって，ベースラインの評価と現在の状態とを比較して，経過を評価することができます。

認知行動療法は「今ここ」に焦点を絞っている

　認知行動療法は現在に焦点を絞り，今生じている問題や困難に取り組みます。このアプローチでは，「自覚のない幼いころのトラウマや，心理的機能不全の原因となっている生物学的な神経的・遺伝的要因を明らかにしようとすることはなく，代わりに，世界を処理する新たな方法，これまでより適応性のある方法を編み出そうと努力します」（Kendall and Panichelli-Mindel 1995）。こうした取り組み方は，若者には魅力的に映ります。というのも，若者は，自分が抱える問題の原因を理解することより，実際に今ここでおきている問題に立ち向かうことのほうに関心や意欲をもつからです。

認知行動療法は自己発見と行動実験を促すプロセスを基盤としている

　認知行動療法は，自らへの問いかけを奨励し，新しいスキルの育成および練習を促す能動的なプロセスです。若者は，単にセラピストの助言や意見を受動的に受け取るだけでなく，行動実験を通して観察し学習するよう，はげまされます。思考と感情のつながりを調べ，自分自身と思考との関係について，その内容や性質を変化させる新たな方法を探ります。

認知行動療法はスキルを基本とするアプローチである

　認知行動療法は，思考と行動の新パターンを身につけるためのスキルと練習を基本とするアプローチです。若者は，セッションでセラピストと話し合ったスキルとアイディアを日常生活のなかで練習します。これは家庭での課題として出されるもので，多くのプログラムの中核的要素となっています。こうした課題をこなすことによって，何が役立つのか，潜在的な問題はどう解決できるのかを見きわめる機会が得られます。

認知行動療法は，理論的に規定されている。

認知行動療法は，能動的な協働モデルに基づいている。

認知行動療法は，期限のある短期療法である。

認知行動療法は，客観的で，構造化されている。

認知行動療法は，現在の問題に焦点を絞っている。

認知行動療法は，自己発見と行動実験を促進する。

認知行動療法は，スキルを基本とする学習アプローチを推奨する。

▶ 認知行動療法の達成目標

　認知行動療法の総合的な目標は，現在の生活充足感を高め，立ち直る力（レジリエンス）と将来への対処法（コーピング）を強化することです。これを達成するために，有用な認知スキルや行動スキルを向上させることで，気づきを深め，セルフ・コントロールを改善し，自己効力感を高めていきます。認知行動療法のプロセスをたどることによって，若者はうまく機能しない循環から，よりよく機能する循環に移行します。以下は，この二つの循環を図示したものです。

うまく機能しない循環

思考
過度に否定的
自己批判的で決めつけがち
選択的かつ偏向的

行動
回避する
あきらめる
不適切
役に立たない

感情
不快
不安
抑うつ
怒り
自制できない

機能する循環

思考
より前向きで偏っていない
成功と強みを認める
受容的で，一方的な判断はしない

行動
立ち向かう
やってみる
適切
役に立つ

感情
楽しい
リラックス
している
幸せ
穏やか
自制できる

　認知行動療法を使うと，思考（認知）が感情と行動に及ぼす否定的影響を低減させることができるようになります。そうするためには，若者の認知の内容に積極的に注目するか，当人と認知との関係性を変えるかのいずれかをしなくてはなりません。

- 内容に焦点を絞る場合，セラピストは若者をはげまして，機能不全に陥っているいつもの思考や信念で，とりわけ否定的かつ偏向的，自己批判的なものを，よく観察して特定するようにいいます。特定できたら，自己モニタリングや教育，行動実験を通じて，それらを調べ，それらの代わりに，もっと機能的でバランスの取れた，成功と強みをきちんと承認する認知（思考）を取り入れます。
- 自分と自分の認知との関係性に焦点を絞る場合，セラピストは若者をはげまして，自分の思考から一歩下がり，好奇心をもって，それらをじっくり観察するようにいいます。思考の観察では，通りすぎていく認知活動として思考を眺めるだけで，判断はいっさいしません。マインドフルネスで注意を「今ここ」に留めた状態にし，自分自身や今おきている出来事を受け入れるよう，若者をはげまします。

▶ 認知行動療法の中核的要素

　認知行動療法には実にさまざまな技法と方略があり，それらは，どのような順序でも，どのような組み合わせでも用いることができます。この柔軟性のおかげで，個々の問題や必要に合わせた介入方法を仕立てることができます。レシピ本のような標準化された方法で介入することはありません。また，豊富な技法に恵まれているということは，現在の心理的苦痛を低減させる方法としてだけでなく，予防法として，将来への対処法と立ち直る力を高める方法としても使えるということです。

　第二世代の認知行動療法では，認知と処理法の内容を調べて見直すことを重視し，第三世代のそれでは，思考との関係性を変えることを重視するというように，それぞれの主たる焦点は異なっていますが，いずれのアプローチにも，多種多様なスキルと技法が埋めこまれています。

心理教育

認知行動療法のあらゆる介入プログラムには，その基本的要素として，認知行動療法についての教育と，**思考と感情と行動**のつながりについての教育が含まれています。これらの教育を通して，セラピストとクライエントは，人の考え方と感じ方と行動の間の関係を明確に理解して，共有できるようになります。さらに，認知行動療法の協働的プロセス，練習と行動実験のもつ能動的な役割も強調されます。

価値観，達成目標とそれに至るまでの具体的な目標

認知行動療法には，重要な**個人的価値観**の特定が含まれることもあります。こうした価値観は，将来に焦点を絞りつづける助けとなり，目標達成を目ざす行動の動機づけとガイドという枠組みとして働きます。

目標設定は，認知行動療法のあらゆる介入プログラムで必ず行なわれます。セラピーの**全体目標**は，セラピストとクライエント双方が合意したものを，客観的に評価できる形で定めます。クライエントは，セラピーのセッションで学んだスキルを日常生活で用いるよう促されます。セラピストは，クライエントに**家庭で行なう**課題を系統立てて出し，クライエントは実生活のなかでそのスキルを練習します。**個々の具体的な目標**がどれだけ達成されているかは定期的にチェックし，進展状況を検討します。

受　容 <ruby>受<rt>アクセプタンス</rt></ruby> と強みの承認

認知行動療法は，クライエントが全体像を見て，自分の**強みと成果**を認められるようにします。強みは力づけになりえますし，将来の課題や問題の対処に活かすこともできます。**受容**も重視されます。コントロールできないことを絶えず変えようとするのではなく，それらをありのままに受け入れるために重要だからです。

思考のモニタリング

認知や思考パターンを観察してモニタリングすることで，クライエントが自分の認知傾向に関する理解を深めるという重要な課題をこなすことができます。思考のモニタリングでは，**中核的思いこみ**，**否定的な自動思考**，**機能性を欠く推論**の特定内容に注目することで，強烈な感情的反応を発生させているものや，過度に否定的なもの，自己批判的なものを見つけることができます。また，**観察**を奨めて，認知が感情に及ぼす影響について，理解を深められるようにすることもできます。

認知の歪みや偏りの特定

思考のモニタリングを行なうことで，クライエントが抱きがちな**否定的な認知や思いこみや推論**，**役に立たない認知や思いこみや推論**を見つける機会が得られます。その結果として，**認知の歪み**（たとえば，誇張，否定的側面への集中など）や**認知の偏り**（たとえば，他者のしぐさや合図に対する誤解，問題解決スキルの不足など）の性質や種類，それらが気分や行動に及ぼす影響についての気づきが深まります。

思考の評価と，その思考に代わる認知プロセスの展開

　うまく機能しない認知プロセスを特定できたら，そうした**推論の体系的な検査と評価**を行ない，それらに代わる認知スキルを学習します。クライエントは，**偏りのない思考や認知の再構成**を進めるよう促され，新たな情報を探す，他者の観点から考える，反証を探すなどの作業を行ないます。その結果，うまく機能しない認知は改められます。

　こうした評価作業は，これまでの認知より**偏りが少なく機能性に優れた**認知を引き出す機会となり，この新たな認知が問題を問題だと認め，強みと成功をそれと認めるようになります。

新たな認知スキルの育成

　認知行動療法には，**気そらし**などの新たな認知スキルの育成が含まれています。「気そらし」とは，不安を高める刺激物から注意をそらし，よりニュートラルな課題に焦点を絞る方法です。認知的なコーピングは，**肯定的なセルフ・トークと自己教示訓練法**，および，**結果予測思考法や問題解決スキル**──難問をじっくり考える代替の方法の開発に役立つスキル──とを併用することで強化できます。

マインドフルネス

　さらに，認知行動療法は**マインドフルネス**などの新たな認知スキルを発達させます。マインドフルネスでは，個人的な判断をいっさいすることなく，現在の瞬間に注意を集中させます。マインドフルネスを実践することで，思考や感情に反応したり，それらを変えようとしたりせず，自分の内的プロセスを好奇心をもって観察できるようになります。その結果，心のなかで行なう将来の出来事に関する否定的なリハーサルや過去の出来事の反芻を減らすことができます。

感情教育

　数多くの介入プログラムが感情教育を取り入れています。感情教育は，怒りや不安，悲しみなどといった**中核の感情を見きわめ，それらを区別する**ことができるように設計されています。プログラムが焦点を絞るのは，そうした感情と結びついた**生理的な変化**（たとえば，口が乾く，手に汗をかく，心拍数が上がるなど）です。生理的な変化に注目することによって，中核の各感情がどのように表現されているのかを明らかにし，若者が自分固有のやり方について，気づきを深められるようにします。

感情のモニタリング

　強烈な感情や顕著な感情をモニタリングすることで，快感情と不快感情双方に結びついている**日時，場所，活動，思考**を特定できるようになります。実生活でも，治療セッションでも，**評価尺度**を使って感情の強度を測定します。こうすることで，客観的に成果をモニタリングし，変化を評価することができるようになります。

感情の管理

　感情を管理する新たなスキルがいろいろ開発されています。苦痛に耐えるのを助け，より効果的な感情管理を可能にするそうした技法には，**漸次的筋弛緩法，呼吸コントロール法，鎮静効果**

のあるイメージ法，自己鎮静法，気そらしなどがあります。

　自分固有の感情パターンに対する意識が高まれば，**予防方略**を講じられるようになります。たとえば，怒りが増大してきたことに気づき，早い段階でその増大を抑えることができれば，怒りを爆発させずに済みます。同様に，**役立つ習慣**を日々の生活に取り入れれば，問題の発生も防ぎやすくなるでしょう。

活動のモニタリング

　活動をモニタリングすることで，**行動と感情と思考**のつながりに関する気づきが促されます。この気づきが深まると，自分の行動に関する理解が深まり，特定の活動や出来事がどのようにして異なる感情や考え方と結びつくのかを，よりよく理解できるようになります。

行動の活性化

　活動のモニタリングは**行動の活性化**につながり，そこで当人は，さらに積極的になるようにはげまされます。行動の活性化とは，たとえば，楽しめる**活動**，みんなと一緒にできる**活動**，達成感を得られる**活動**，運動になる**活動**を増**やす**ということです。活発に行動すれば，気分にもよい効果がもたらされるはずです。

活動予定の組み直し

　さまざまな活動に取り組んで，さらに楽しめるようにするには，**活動予定を組み直す**というのも一法かもしれません。強烈で不快な感情と結びついている特定の日時に，前向きな気持ちになれる活動を組み入れるのです。

スキルの習得

　体系的な**問題解決方法**を使えば，難題に正面から取り組むための有用な枠組みを得ることができ，それを先送りしたり回避したりしないで済みます。認知行動療法の介入法のなかにも，対立解決法，アサーティブネス，友情の発達と維持などのスキルを向上させることで，**インターパーソナル・イフェクティヴネス**（対人関係を有効に保つスキル）を習得させることに焦点を絞ったものが，数多くあります。

行動実験

　認知行動療法の土台には，指導して発見を促すプロセスがあり，そこでは，推論や思考を問題として取り上げ検証します。これを行なうには，**行動実験**を設定し，状況や出来事を客観的かつ徹底的に検証していくと，きわめて効果的です。行動実験は，推論や思考が常に正しいかどうかを調べたり，出来事を別の形で説明できることを明らかにしたり，もし違うやり方をしたらどうなるかを検証したりするのに役立ちます。

不安の階層化とエクスポージャー

　認知行動療法の最も重要な目的は，困難な状況や出来事に真正面から取り組み，うまく対処する方法を身につけるよう，若者をはげますことです。これを叶えるのが**段階的エクスポージャー**

で，ここでは，問題を明確にし，全体の課題を小さなステップに分解して，各ステップを困難度の低いものから高いものへと階層化します。最初は困難度の最も低いものに取り組み，次第に困難なものへと**階層**の各ステップを登っていきます。このエクスポージャーは，実際に課題に取り組んで行なうこともあれば，課題の状況を想像して行なうこともあります。課題をうまくやり終えたら次の課題に進むというやり方で階層を登り，問題を克服するまでこれをつづけます。

ロールプレイ，モデリング，エクスポージャー，リハーサル

　新しいスキルや行動は，さまざまな方法を使って身につけることができます。**ロールプレイ**は，からかわれたときの対応など，難しい状況との取り組みを練習する機会となります。ロールプレイによって，既存のスキルのなかから効果のあるものを見きわめることができ，これまでとは違う解決方法や新しいスキルを見つけられるようにもなります。**スキル強化**のプロセスは，新しいスキルと行動の習得を促します。**手本となる他者**の適切な**行動**やスキルを観察すれば，新しい行動を想像のなかで**リハーサル**してから，**エクスポージャー**の課題として，実生活でそれを実行することができます。

自己強化と報酬

　認知行動療法のあらゆるプログラムの基礎となるのは，**正の強化**と努力の承認です。自分自身を大切にして，自分の行動を価値のあるものだと考えることが，わたしたちには必要です。これは**自己強化**の形で行なうことができます。たとえば，認知的な自己強化では，「よくやった。あの状況をうまくしのいだじゃないか」と自分に声をかけ，物質的な自己強化では，ずっとほしかったCDを購入し，活動による自己強化では，最高にリラックスできるお風呂に入る，といったことができます。強化は，達成した成果に基づいて行なうのではなく，努力したという事実やがんばってやってみたという事実に基づいて行なわれなくてはなりません。

　このように，セラピストには認知行動療法の技法満載の道具箱が用意されています。それらの技法は，若者に合わせて柔軟に使うことができます。次のセラピストの道具箱に，それらをわかりやすくまとめました。

> 認知行動療法が提供する道具箱にたっぷり用意されているスキルやアイディアを柔軟に活用すれば，有用な認知スキルや情動スキル，行動スキルを向上させることによって，自己認識を深め，セルフ・コントロールを改善し，自己効力感を高めることができる。

▶ セラピストの道具箱

心理教育
思考，感情，行動のつながりを理解する

価値観，達成目標とそれに至るまでの具体的な目標
自分の価値観を見きわめる，達成目標とそれに至るまでの具体的な目標を話し合って決める

受　容と強みの承認
アクセプタンス

前向きな部分や強みを認めて，ありのままの自分を受け入れる

認知

思考のモニタリング
否定的な自動思考

中核的思いこみ／スキーマ
うまく機能しない推論

認知の歪みや偏りの特定
よく発生する機能不全の認知，推論，思いこみ
認知の歪みのパターン
認知の偏り

思考の評価
認知の検証と評価
認知の再構成
偏りのない新たな思考の育成

新たな認知スキルの育成
気そらし，コーピングに役立つ肯定的なセルフ・トーク
自己教示訓練，結果予測思考法

マインドフルネス
好奇心をもち，偏った判断をしないで観察する

行動　　　　　　　　　　　　　　　　　　　　　　感情

活動のモニタリング
活動，思考，感情を結びつける

行動の活性化
気分を高揚させる活動を増やす

活動予定の組み直し
活動予定表を作る

スキルの習得
問題解決方法と，対人関係を有効に保つ
インターパーソナル・イフェクティヴネス

行動実験
予測や推論を検証する
新しい意味を見つける

不安の階層化とエクスポージャー
段階を追って難題に立ち向かう

感情教育
中核の感情を区別する
生理的な身体症状を特定する

感情のモニタリング
感情を，思考および行動と結びつける
評価尺度を使って強度を測定する

感情の管理
リラクセーション，自己鎮静法，頭を使うゲーム
イメージ法，呼吸コントロール法

自己強化
自分自身を大切して，自分に報酬を与える

第2章

認知行動療法のプロセス

　認知行動療法の基盤にある基本理念は協働的経験主義であり，セラピストと若者はこの理念のもと，協力して問題に取り組み，コーピングについての理解を改め，新たなコーピングの方法を見つけようとします。これをやり遂げるために用いられるのは，指導しながら発見を促す方法で，若者ははげましを受けて実験を行ない，自分の認知について，オープンな気持ちで好奇心をもちつづけます。若者はこうして，自分の認知と新しい関係をもつようになり，さまざまな出来事にあると見ていた意味を疑問視できるようになります。全体のプロセスは肯定的で力づけに満ちており，若者はその流れのなかで，新たな認知スキルと方法を見つけていきます。

▶ 治療プロセス

　認知行動療法は，思いやりと共感と理解に基づく強力な治療関係のなかで行なわれます（Beck et al. 1979）。この関係性はオープンかつ率直で，判断はいっさいもちこまれません。そのなかで若者とセラピストは力を合わせて，活発に問題に取り組みます。

　治療関係の具体的な側面のなかには，すでに重要だとわかっていることが数多くあります。クリードとケンダル（Creed and Kendall 2005）は協働の重要性を指摘し，若者とセラピストは一つのチームとして，互いに合意した達成目標に向かって協力すべきであり，若者は積極的に治療に取り組むべきだとしています。セラピストの柔軟性と創造性も重要です。たとえば，セッションを魅力的で活発なものにするためには，ゲームやロールプレイなど，若者の関心に合わせて適切に工夫した多様な進め方で，概念やアイディアを提示していくことが必要です（Chu and Kendall 2009）。また，思いやりがあり，前向きで，クライエントに共感できるセラピストは，よそよそしいセラピスト，いばっているセラピスト，不快な感情について話すよう強いるセラピストと比べると，若者とより良好な関係を築いています（Russel, Shirk, and Jungbluth 2008）。良好な治療関係を築くことができると，取り組み内容もよくなり，意欲も高まり，結果もよりよいものになります（Chiu et al. 2009; McLeod and Weisz 2005; Shurk and Karver 2003; Karver et al. 2006; McLeod 2011）。

　認知行動療法にとって重要な治療プロセスの側面として，もう一つ，協働的に調査を進めていかなくてはならないという点があります。つまり，クライエントである若者自身が，「自分の考え方を科学的に調査する」のです（Beck and Dozois 2011, p.400）。内省的な調査を軸とする方法を推進する場合には，充分な注意が必要です。というのも，若者はしばしば，自分で解決方法を見

つけるのではなく，情報や回答を与えてもらうことが当たり前のようになっているからです。

　最後に，認知行動療法は若者の成長レベルに合わせて採用すべきであることが多々強調されてきたため（Stallard 2003; Friedberg and McClure 2015），子どもや若者向けのプログラムにそれが反映されるようになってきている（Barrett 2005a, b）という点に触れておきます。認知行動療法は，若者の認知能力，情動的能力，言語能力，推論能力と一致するレベルのものに合わせる必要があるということです。

　スタラード（Stallard 2005）は，若者を対象とする治療プロセスの重要な要素を，以下のように PRECISE という形にまとめています。

P－Partnership　パートナーシップを重視する

　最初に取り上げるのは，認知行動療法の協働性と，治療上のパートナーシップの重要性である。この二つがそろってこそ，クライエントの若者は変化を確実に発生させるプロセスのなかで，積極的な役割を果たすことができる。

R－Right developmental level　成長レベルに合わせる

　セラピストはクライエントの成長レベルに充分注意を払い，介入が確実に，そのクライエントの認知能力，言語能力，記憶力，視点を把握する能力と一致したものになるようにしなくてはならない。

E－Empathy　共感する

　思いやりと心からの関心と敬意に基づいた関係性を育て，維持することに焦点を絞らなくてはならない。共感する力は，積極的な傾聴，熟考，要約など，対人関係に役立つ重要なスキルを働かせることで育つ。

C－Creativity　創造力を働かせる

　クライエントの関心と経験に合った方法で認知行動療法の概念を伝えるには，柔軟性と創造性を働かせる必要があることに気づかなくてはならない。

I－Investigation　調査する

　思考と感情と行動を，ソクラテス的問答や行動実験によって客観的に評価する際には，好奇心と探求心をもち，心を開いて取り組むことが重要である。

S－Self-efficacy　自己効力感を生む

　治療プロセスは，内省と発見を促すものでなくてはならない。それに力づけられたクライエントは，自分の認知をよりよく理解できるようになり，これまでより役立つ形でその認知を処理する方法を見つけられるようになる。

E－Engagement and enjoyment　魅力的で楽しめる

　最後に，治療プロセスは，魅力的で楽しめるものでなくてはならない。そうして初めて，クライエントの関心や関与，意欲を維持することができる。

認知行動療法の土台には，共感に満ちた強力な関係性があり，
この関係性が，オープンな態度や好奇心，自己発見を促進する。

▶ 認知行動療法の諸段階

　若者はセラピストに導かれ，数多くの段階を進んでいきますが，各段階には，それぞれ異なる主要な目的があります。各段階にかける時間は，その若者のニーズ次第です。

関係性の構築とプロセスへの引き入れ

　認知行動療法の第一段階では，主として，治療上のパートナーシップの構築と，変化のプロセスに若者を引き入れることに焦点を絞ります。この段階がとりわけ重要なのは，若者が自分から助けを求めることはめったにないからです。通常，気づくのは周囲の人たちで，したがって，当人は問題を認識していなかったり，問題を問題と認めていなかったりしますし，最初はやる気がなさそうだったり，無関心に見えたりするかもしれません（McLeod and Weisz 2005; Creed and Kendall 2005; Shirk and Karver 2003）。

　変化のプロセスへの引き入れは，積極的な傾聴や共感など，対人関係に役立つスキルを使って進めることができます。積極的な傾聴は，セラピストが関心をもっていることや，クライエントの若者を尊重し理解していることを示し，共感は，相手の感じ方を理解していることを示します。双方の関係性は，心を開き，いっさい判断を加えないという姿勢によって強化され，そのなかで，若者が今抱えている問題や将来生じうる矛盾を検証し，それらを問題として認めていきます。

　認知行動療法の取り組みに対する若者の意欲は，当人が自分の生活をどのように変えたいと思っているか，どのような目標を達成したいと思っているかに焦点を絞ることによって，高めることができます。解決志向型短期療法で用いる「奇跡の質問」をすれば，将来に焦点を絞り，現在の問題で立往生しつづけるのをやめられるよう，若者を手助けすることもできます（de Shazer 1985）。ここでいう「奇跡の質問」では，もし問題がなくなったとしたら，何がどのように変わると思うかを若者に訊ねます。

　　　今夜，眠っている間に奇跡がおきて，きみの問題がすべて解決したと想像してみましょう。
　　翌朝，目醒めたとき，どういうことに気づいたら，生活が急に改善されたことがわかりますか？

　確実に変わろうとする意気ごみがある程度はっきりしてきたら，何を目標とするかについて，セラピストとクライエント双方が合意できるものを定める必要があります。達成目標を確実に，具体的（specific）で，測定可能（measurable）かつ達成可能（achievable）で，重要な意味をもち（relevant），適切な時間枠が設定された（timely）ものにするために，各特徴の頭文字をつないだ「SMART」を，目標作成の指針にしてもいいでしょう。

　優れた目標は，具体的でなくてはなりません。たとえば，「もっと社交的になる」というような大まかで曖昧なものではなく，「毎週2回，友だちのジョーに電話をかける」などとします。目標が具体的であれば，達成すべきことがわかりやすくなり，具体的な基準（たとえば週2回）が定めてあれば，進歩を客観的に測定することができます。有意義な目標をうまく達成できれば，意欲が高まります。目標は，高すぎて達成できないようなものであってはいけませんし，当人の生活の重要な側面に関係しているものでなくてはなりません。最後にもう1点，意欲を維持するために，目標は，現実的な時間枠内で達成できるものでなくてはなりません。

若者を治療プロセスに引き入れ，変わりたいという気持ちにさせることは，さらに認知行動療法をつづけていくための必要条件です。そのために，セラピストは心を開き，寛大かつ前向きで希望に満ちた態度を取って，若者から「試しにやってみる」という言葉を引き出すのです。

心理教育

心理教育は，若者に情報を提供するためのもので，その焦点は，主に三つの分野に絞られています。

まず，若者は認知行動療法のプロセスについて，それも特に，協働的経験主義の概念について教わります。セラピストは，関係性における協働的な性質を説明し，若者が自分自身の体験を熟考するための枠組みを提供します。若者には，さまざまなアイディアを検証したり，行動実験を種々行なったりして，何がおきるのか，何が自分に役立つのかを見つけるなど，活発な役割があることが強調されます。いっさいの判断をしないことの必要性や，心を開いて好奇心をもちつづける姿勢の必要性，若者が力を尽くすことの重要性も強調されます。

次に，若者は認知モデルについて教わります。出来事，思考，感情，行動がどうつながっているかについて，情報が提供され，認知が感じ方や行動の決定に果たす重要な役割が強調されます。若者はここで，認知行動療法の原理——自分の思考を理解し，それを見直すか受け入れるかすることによって，それとの関係を変化させること——を理解します。すなわち，より有用な認知プロセスを発生させることで，気分を改善し，困難な状況に正面から向き合い，問題に対応できるようになるということを理解するのです。最後に，認知行動療法が多くの感情的問題の軽減に効果を発揮する点が強調されます。ただし，セラピストは楽観的で希望に満ちた態度を取りつづけますが，認知行動療法が必ずよい結果を出すと保証することはできませんし，万人に合うと請け合うこともできません。

上記二つ——認知行動療法のプロセスと認知モデル——に関する心理教育は，介入の初期段階に行なわれますが，介入の過程で，定期的に再考されます。実際，根本の認知モデルは介入の理論的根拠を提供しており，取り組みの焦点を説明するのにも役立っています。

上記二つに加えて，具体的な感情の問題に関する心理教育も必要になります。たとえば，不安の問題がある場合は，闘争逃走反応や，不安に伴って体に生じる生理的反応に関する情報が必要となるでしょう。同様に，気分の落ちこみや抑うつ状態，食事や睡眠や集中力に生じる生理的な変化，社会的な引きこもりに関する情報も，若者が自分の体験を理解するのに役立つはずです。心理教育は，インターネットを利用して具体的な疑問を調べるように若者をはげますことで，協働的に行なうこともできます。

自己認識と理解の促進

若者はこの段階で，自分自身の認知と感情と行動について意識し，認知行動療法の枠組みを使って，それらの間の関係を理解するよう，はげまされます。これをやり遂げるには，日記や記録を活用し，厄介だと感じている状況や出来事を特定していくセルフ・モニタリングを行ないます。たとえば，強烈な情動反応を引きおこす「ホットな考え」に注意することによって，自分の思考に対する意識を高めることができるようになります。日記やコンピュータのログも，さまざまなタイプの認知（有用な思考と無用な思考）や，処理上のバイアス（思考の罠），よくある機能性を

欠いた認知を特定して理解するのに役立ちます。

　自分の思考を客観的に検証する行動実験を行なうことで，自己理解を促すこともできます。行動実験を活用すれば，自分の信念や推論が常に正しいのかどうかを調べたり，もし違う行動を取ったら何がおきるかに気づいたりすることができます。実験の一種である調査を行なっても，活用できそうな新たな情報を見つけて，出来事のせいにしている解釈や意味づけを見直すことができます。

　実験はいずれも，内省したり洞察や理解を深めたりする好機になります。恐れている状況に立ち向かっていくエクスポージャーの課題を行なえば，時間が経つにつれて不安は和らいでいくことがわかるようになるでしょう。活動を増やして忙しい状況を作れば，落ちこんでいる若者にも，気分を改善するためにできることがあることを納得してもらえるでしょう。

　最後に，自己認識が進むと，これまでとは別の生き方ができるようになるという点に触れておきます。たとえば，マインドフルネスを実践すると，思考や感情に対する気づきが深まります。いっさい判断を加えずに思考や感情を観察できるようになると，それらはやがては消えていく体験であって，それらに反応したり議論を吹っかけたりする必要はないことがわかるようになります。

向上するためのスキルの習得

　認知行動療法は，自己理解を促し，気づきを深めるだけでなく，認知スキルや情動スキル，行動スキルも身につけられるようにします。認知スキルについていえば，具体的な認知や処理上のバイアスを見直すための新しいスキルを習得することになるかもしれませんし，代わりに，自分の認知に関してマインドフルになり，そうした認知は現実を示すものではなく，やがては消えていく思考として，そのまま受け入れることを学ぶかもしれません。否定的になったり自己批判的になったりせず，ありのままの自分を大切にすることを学ぶのです。これまでとは違う生き方を身につけ，自分の過ちを受け入れて許せるようになり，自分自身に向かって，これまでより優しく語りかけられるようになるのです。

　情動スキルが身につけば，不快な感情をうまく管理できるようになるでしょう。道具箱には，リラクセーションのトレーニング法，呼吸法，心を鎮めるイメージ法といったスキルが加わるかもしれません。活動予定を組み直すことによって，不快な感情の強度や頻度を軽減することもあるでしょうし，心を鎮めるテクニックを身につけることによって，苦痛を直視し，それに耐えられるようになるかもしれません。

　行動スキルについていえば，もっと適応性のある行動を取れるようにするための介入があるかもしれません。こうした介入では，アサーションや交渉の仕方など，人と交わるスキルや個人の力を有効に発揮するスキルを磨いて，問題解決につなげられるようにします。そのために，ロールプレイ，観察力をつけるエクササイズ，段階的エクスポージャー，行動の活性化，反応妨害法などのテクニックも用いられるでしょう。

　最後は，自分のやり遂げたことを称えるよう，若者をはげまします。

強化

　新しいスキルは，いったん習得したら練習を重ねて完全なものにし，日常的に用いるレパートリーにする必要があります。

セッションで使って役立ったスキルも，現実の生活状況のなかで検証しなくてはなりません。これまでとは異なる生き方をしようとしているのですから，このことは，介入の後期において特に重要になります。検証は，セッション以外の場で行なう課題——クライエントの若者が合意したもの——を使います。若者は練習を通して，新しいスキルに磨きをかけ，さまざまな状況に対して，これまでとは違う反応をするようになっていきます。

　もとの習慣に戻ってしまうことも，珍しいことではありません。したがって，練習の時間はきちんと決めておくよう，若者をはげます必要があります。これは，目や耳から入る刺激を活用すると，うまくいきます。たとえば，歯ブラシにテープを貼っておき，それを見たらマインドフルネスを練習することにし，携帯電話にアラームをセットしておき，それが鳴ったら親切な行為を探す練習をすることにするのです。

　最後に，新しく習得したこれらのスキルを維持するには，日々のルーティンにこれらを統合する必要があります。身支度や食事，就寝など，毎日の出来事や行動とスキルの使用とをどう結びつけたらいいか，探ってみましょう。

再発の予防

　最終段階は，再発の予防です。若者は，介入のさまざまな側面のなかで，実際に役立ったことについてよく考え，おこりうる再発に備えて，万一の問題再燃への対応計画を立てておくよう，はげまされます。

　「よい状態を保つ」計画を立てることで，自分が気づいた事柄や有用だとわかったスキルについて熟考することができる上，ぶり返しに備えることもできます。ぶり返しはごく普通におきることであり，一時的なものであって，かつての悪習が復活したり，身につけたスキルの効果がなくなったりしたことを示しているわけではありません。若者はセラピストに手助けしてもらい，厄介なことになりうる将来の状況を特定し，過去の悪習への逆戻りを示唆する前兆に気づくことができるようになります。そして，状況が悪化することもあれば，無情な出来事がおこることもあるという事実を受け入れつつも，前向きな気持ちを保ち，自分自身に優しくするよう，はげまされます。最後に，万一悪習のなかで立往生したときに取るべき行動や，いつどのように助けを求めるかについても，手助けしてもらいながら計画を立てます。

認知行動療法では，関係性の構築とプロセスへの引き入れ，
心理教育，自己認識と理解の促進，スキルの習得と向上，強化，再発の予防などを行なう。

▶ 若者のための認知行動療法

　認知行動療法の効果を示す根拠は，7歳から25歳までの若者を対象とした数多くのランダム化比較試験を経て確立されてきました。初期の研究の多くには，認知行動療法の取り組みに必要な言語・感情・社会的観点に関する若者のスキルは，認知行動療法に取り組めるだけの発達レベルに達しているという前提が根底にありました。プログラムはたいてい，大人用に開発されたものが若年者用に拡大されたもので，言葉を使った話し合いに大きく依存していました。若者は「小

さな大人」と見なされ，大人になって初めて備わる充分に発達したスキルを有していると考えられていたのです。この立ち位置は，子どもから十代を経て大人になるまでの間に見られる成長面での変化に対する意識の高まりとともに，疑問視されるようになりました。現在ではこの点を考慮して，若者向けの認知行動療法が工夫されています（Holmbeck et al. 2006; Sauter, Heyne, and Westenberg 2009）。

　十代は，子どもから大人への移行期として，身体的にも精神的にも急激な発達を遂げる段階です。この時期，若者は自分というものを認識するようになり，はっきりした意見をもち，自分なりの道徳的価値観や倫理的価値観を形成していきます。次第に自主的になっていき，独立心が旺盛になり，仲間との間に，これまでより深く有意義な関係を築こうとします。そして，自主性と決断力が高まってくると，さまざまなことを試し，リスクを冒すようにもなります。

　認知面での発達という点では，抽象的な思考能力が向上し，多様なものの観方があることを理解するようになり，言語スキル，推論やメタ認知のスキル，社会的観点からものごとをとらえるスキルが発達します。メタ認知とは，自分自身の考え方について考える能力であり，社会的観点からものごとをとらえる力とは，相手の視点で出来事を把握する能力のことです。「十代」が示す年齢の幅が広いことを考えると，そうしたスキルがどの若者にも発達していると想定することはできません。セラピストは，認知行動療法を確実に，若者の身体的外観ではなく青少年としての能力に合ったものにし，必ずしもすべてのティーンがすべての認知的なテクニックに取り組めるわけではないことを，常に意識していなくてはなりません（Sauter, Heyne, and Westenberg 2009）。

　けれども，認知のさまざまな下部領域における認知的発達を評価する簡単な方法はありません（Holmbeck et al. 2006）。さらに，若者との認知行動療法の着手に不可欠な必要条件というものもありません。認知行動療法が，若者よりさらに認知スキルの限られた子どもにも有効であることを考えれば，介入方法を若者の能力に注意深く合わせることで，よい結果を出せることは明らかです。セラピストはその際，以下に挙げた数々の要因を考慮する必要があります。

認知に焦点を絞るのか，行動に焦点を絞るのか

　認知的テクニックと行動的テクニックの最適なバランスを明確に定めておかなくてはなりません。原則として，クライエントが認知的テクニックに取り組むのが難しいと感じている場合は，行動的な方法を重視することになります（Friedberg and McClure 2015; Stallard 2009）。行動的な方法では，認知に関する話し合いや考察ではなく，より具体的な活動を取り入れて，行動的な実験を「行なう」ことによってクライエントの認知を探っていきます。クライエントによっては，認知能力が充分に発達していて，複雑なメタ認知的作業のほうが魅力的で有用だと思う者もいるでしょう。そういう若者は，肯定的な思考や有用な思考（たとえばセルフ・トーク）に焦点を絞ったシンプルなテクニックは単純化されすぎていると感じ，自分が見下されているように思うかもしれません。

治療上のパートナーシップ

　認知行動療法の根底には，クライエントの若者とセラピストを対等のパートナーとする治療的関係があります。これは重要なことですが，セラピストと若者の間に本質的な力の不均衡があることは理解しておかなくてはなりません。したがって，認知行動療法を始める際に，パートナー

シップの性質について明らかにしておくことが重要です。そうしないと，若者は，セラピストが能動的に指導的役割を果たしてくれるだろうと思ってしまいます。

治療は，客観的な経験主義を基本理念として行なわれるべきであり，セラピストは，自分に解決方法があるわけではないことをはっきり認め，しかし，クライエントと協働で，クライエントにとって効果のあることを見つけるべく取り組んでいくつもりであることを明確にする必要があります。ともに学ぶという考え方を強調し，セラピストは，クライエントが積極的かつ主動的役割を果たせるように気を配らなくてはなりません。その方法は数多くあり，たとえば，目標を設定したり，セッションの日程や順序や内容を決定したりする場合に，若者に主動的役割を担ってもらうこともできます（Stallard 2013）。ただ，場合によっては，若者がそれほど成熟していなくて，セラピストからの直接的な指導を増やすほうが効果的なこともあるでしょう（Friedberg and McClure 2015）。

言語

三つ目は，言語の使い方を考慮し，それを確実に若者の適正レベルに合わせるべきだという点です。そのためには，クライエント自身の言葉を使って出来事を説明するといいでしょう。たとえば，認知的反芻を説明する方法として，若者は「考えすぎ」といういい方をするかもしれませんし，どうすれば自分の考えと議論しないでいられるかを説明するとき，「無視する」といういい方をするかもしれません。用いられている言葉の正確な意味を明確にしておく必要がありますが，それが済めば，さまざまな概念について話すときの共通の方法として利用することができます。

セラピストは，専門用語の使用についても注意しなくてはなりません。たとえば，練習課題を宿題というような場合です。練習は認知行動療法の重要な要素ですが，**宿題**という用語は，若者にとって否定的な含みをもつ言葉かもしれません。宿題はしばしば，厄介な義務として（合意もしていないのに）与えられてきた課題を暗に意味しているからです。進んでやりたいとは思わないものであることが多く，そういったものは，認知行動療法にとって重要な「指導して発見を促す」という概念にはどうもそぐわないからです。最後にもう一点，宿題は採点されることが多く，なんらかの形で評価が行なわれますが，認知行動療法では，発見と熟考を達成目標とすることが多いということもあります。セッション以外で行なう課題もしくは練習といういい方をするのも一法かもしれません。

メタファーは，抽象的な概念を，若者がよく知っている具体的な出来事に関連づける非常に有用な方法です。たとえば，メタファーを利用して，破局化〔ささいな出来事を大惨事のように思うこと〕や選択的抽象化などの抽象的な認知の処理バイアスを，「最悪を考える」や「ダメダメ色メガネ」といういい方で説明することもできます。自動思考は，コンピュータのスパムメールや「ポップアップ広告」として概念化し，さらにメタファーを発展させて，頑丈なファイアーウォールを設定するところまで進めることもできます。

二分法的思考

十代によく見られる傲慢で断定的な思考は，認知行動療法のプロセスを妨げかねません。傲慢な十代は別の観点を認めることができない可能性があり，したがって，これまでとは違う思考を検討することもできない可能性があります。同様に，「全か無か」の考え方も若者にはよく見ら

れ，セッションが変わると意見や態度が真逆に変わっていたりするところに，それがしばしば反映されます。あるセッションでは，落ちこんで不安そうにしていたのに，次のセッションでは，上機嫌でリラックスしているといったことがあるのです。

　評価尺度は二分法的思考の見直しに役立つ方法で，若者はこれを使って，二つの両極の間にはさまざまな選択肢があることを理解するようになります。これには多少の教育が必要になることもあり，ある局面における一連の出来事について，若者に，評価を下したり順番をつけたりしてもらうこともあります。尺度を使って評価するのは，感情の強度，思考に関する思いこみの強度，責任の強度などです。

　最後に，ベルシャーとウィルクス（Belsher and Wilkes 1993）が，セラピストの使う言語の重要性を強調している点に触れておきます。何が「よい」のか，何が「悪い」のかを訊ねる質問は，二分法的な断定を示唆しますが，「〜よりよい」，「〜より悪い」という言い方を使えば，段階的に変化する連続体を思わせることができます。

言語的か，非言語的か

　言語的な方法も非言語的な方法も，認知行動療法の考え方や概念を若者に伝えるのに役立ちます。なかには，非常に優れた言語スキルをもち，抽象的な議論や推論を楽しむ若者もいます。そういう若者は特に多弁で，緊張することなく自分自身や自分の問題について話し合い，言語的な方法に熱心に取り組むかもしれません。

　一方，セラピストになかなか慣れることができず，非言語的な方法のほうが取り組みやすく感じる若者もいます。非言語的な方法では，ホワイトボードや漫画，思考の吹き出し，絵コンテ（ストーリー・ボード）などを使って，具体的な出来事に伴う思考や感情を説明します。認知行動療法のモデルをまとめた図も，非常に効果的で，クライエントの力づけになります。印刷した配布物はセッションに役立つ補助資料となり，重要点の記録として将来の参考にもなります。同様に，円グラフは，責任の過大視や出来事の発生確率に関する推論を特定し，数量化し，見直すときの客観的な方法になります。

　インターネットは，認知バイアスやマインドフルネスの指導付きエクササイズなど，重要な概念を強調した素材を豊富に提供してくれます。ユーチューブのビデオ・クリップは非常に効果的に使える可能性があり，ほかの若者の体験をセッションに取り入れて，特定の問題やスキルを強調することもできます。こうした素材は，当の若者の関心や発達レベルに合わせて，わかりやすく有用なものを確実に選ぶ必要があります。くれぐれも，上から目線の恩着せがましい印象は与えないようにしましょう。

テクノロジー

　十代の若者は，コンピュータやインターネット，スマートフォンをたいへん身近な存在として使いこなしています。こういったテクノロジーは非常に人を惹きつける力が強く，この年齢層と関わり合う術になります（Boydell et al. 2014）。

　ノートパソコンやスマートフォンは，日記をつけつづける手段として，他の媒体よりも魅力的かもしれません。このようなデバイスはもち運びに便利で，その時々の気分や考え，肯定的な出来事をその場ですぐ，正確に記録することができます。「ホットな」考えや強烈な情動反応に気づ

いたら，「自分の頭の中身をダウンロードする」方法も提供してくれます。若者はモバイル機器を使って，頻繁にメールを送ったり，仲間とやり取りしたりしているため，こうしたことを少々記録したところで，周囲の注意を引くことはありません。

　スマートフォンのカメラを使えば，つらい状況や困難な状況を撮影したり録画したりすることもできます。画像や映像を見直すことで，発生している状況に関する思考や推論のいくつかをチェックし，その状況への対処法について，計画を立てることもできます。また，フォト・ライブラリーには，当人の心が落ち着く場所の写真が収められている可能性があり，それを思い出せば，自分に必要なイメージの想像に役立てられるでしょう。さらに，思考への挑戦（たとえば，4ステップで行なう「見つけて，調べ，見直して，変える」作業。45頁参照）などに関して，前向きな対処に役立つ言葉やリマインダーが見つかったら，それらを保存しておき，自分の思考を見直すときに役立てることもできます。

　インターネットは，不安や気分の落ちこみなど，よくある問題を調べたり，そうした状態を正常化したりするのにも役立ちます。このような症状に苦しんだ有名人が見つかることもあり，彼らがどのようにしてそれを乗り越えたかを知れば，彼らのやり方を自分の選択肢として取り入れることもできます。マインドフルネスやリラクセーションなどの技法に関するガイダンスや教育を提供しているウェブサイトにアクセスすれば，簡単に練習ができますし，練習の手引きとしてコンテンツを活用することもできます。また，若者が自分の体験した心理的問題や役立ったと思う方略について語っている有用なビデオもふんだんにアップされています。ほかの若者からの学びはたいへん効果があります。役立つ方法を伝えるビデオやユーチューブのクリップを活用しましょう。

> 認知行動療法は柔軟でなくてはならない。また，若者の認知能力や言語能力，
> 社会的視点の把握能力に合ったものにしなくてはならない。

▶ 若者の認知行動療法でよく見られる問題

言語スキルが限られている

　若者を対象とした認知行動療法のプロセスは，通常，大人対象のそれより，教えて覚えさせるというやり方は少なくなります。セッションの間，若者は受身的な聞き役に回ろうとすることが多いかもしれません。このため，セラピストからいろいろ伝えることのほうが多くならざるをえないこともありますが，だからといって，若者は認知行動療法に取り組むことができないということにはなりません。すでに強調したように，セラピストは，柔軟にやり方を工夫して，若者の好みに素材を合わせていく必要があります。このような状況では，非言語的な素材の活用を増やし，ホワイトボードやフリップ・チャートを使ってコミュニケーションを取りやすくするといいでしょう。

　インターネットは若者にとって，ますます身近で魅力的な存在になってきていて，さまざまな体験や視点をセッションに取り入れるのに格好の方法になっています。さまざまな若者が自分の認知行動療法の体験や役立ったと思うスキルについて語っているビデオ・クリップは，すぐにも

手に入れて活用することができます。同様に，マインドフルネスなどのスキルを身につけるための魅力的なビデオや指導付きの練習用動画もたくさんあります。

どうにも話したがらない若者には，少し大げさなやり方をしてみると役立つかもしれません。たとえば，質問に対して若者がどう答えるかを推測してもいいでしょう。同様に，もし自分自身のことを話すのをいやがるなら，第三者の視点から似たような問題について話し合うという方法を取ると，もっと積極的に参加してもらえるかもしれません。

最後にもう一点。場所を変えるのも一法です。クリニックで座って話すのではなく，ちょっとコーヒーを飲みに出たり，散歩に出たりするなどして，若者がもっと話してくれるかどうか，様子を見ましょう。

認知スキルが限られている

認知行動療法に取り組むには，認知スキルが基本レベルに達している必要がありますが，能力が限られている場合でも，その成長レベルでの必要に合わせて治療のプロセスを変更することができます。

視覚に訴える情報提示や平易な言葉遣いを増やし，抽象的な概念は具体性を高めて示すことで，学習障害のある若者も認知行動療法に取り組みやすくなります（Whitaker 2001）。

記憶の問題は，視覚的な手がかりやきっかけを与えることで克服できます。たとえば，問題解決の方法として，交通信号のシステムを利用することができます。ペンに色テープを巻いておき，学校や職場でその問題解決方法──赤は止まって考える，黄は計画する，緑はやってみる──を思い出すきっかけにするのです。同じく，決断ポイントを減らせば，課題を簡略化することができます。たとえば，かんしゃくをおこしそうな状況になったら，複雑な問題解決の対応を学ぶより，その状況の「外に出る」（すなわち，その場を離れる）ことで，若者は救われます。

また，認知的な課題の簡略化は，たとえば，自己教示テクニックを使って行なうことができます（Meichenbaum 1975）。「わたしは……（をすること）ができる」というような有用な言葉を自分にいいきかせるのです。若者はその言葉にはげまされ，否定的な自動思考や役に立たない自動思考に反論しながら，状況にうまく対処していくようになります。

さらに，第1章で要約したとおり，認知行動療法は，行動的な方法を含めた数多くの介入法とともに長年をかけて発達してきたものであるため，たとえ認知スキルが限られているとしても，認知については，当人の能力に合わせた要求をするにとどめ，行動的なテクニックを重視するというやり方も可能です。

取り組もうとしない

若者は，通常，自分から心理学的支援を求めることはありませんし，変えたいと思うような特定の問題に気づいていないかもしれません。若者が目標を見きわめることができなかったり，自分で変えたいと思うことを見つけられなかったりする場合は，認知行動療法の使用が妥当かどうかを見直さなくてはなりません。ただ，これは念入りに調べる必要があります。若者が自分に達成できそうな目標を定められないのは，当人のこれまでの経験から生じた結果かもしれないからです。つまり，「これまでずっとこうだったんだから，これからだって変わるはずがない」と思いこんでいるかもしれないということです。これまでとは別の現実的な可能性を探れるように手を

貸してやれば，自分の状況は変わりうることを認識できるようになるかもしれません。

同様に，たとえば，抑うつ症状の若者に見られるような意欲の欠如は，しぶしぶ参加しているせいかもしれませんし，何も期待していないせいかもしれません。そのような若者に参加を確約してもらうには，動機づけ面接が役立つでしょう（Miller and Rollnick 1991）。動機づけ面接は，たとえば，共感，肯定的配慮，積極的傾聴などの基本的なカウンセリングの技法を用いて，肯定的な認知の再構成などの認知行動的介入を行ない，変化への関与を深められるようにします。しかし，その後しばらく経っても相変わらずどっちつかずのままの場合は，まだ，認知行動療法のプログラムに取り組みつづけるべきときではないのかもしれません。

変わることに対する責任を感じない

若者は，問題を認識し，変わるために目標を定めることはあっても，その目標を達成する責任が自分にあるとは考えないかもしれません。それが適切な場合もあるでしょうが，問題の原因を，本質的要因（たとえば，「これがぼくなんだ。そう生まれついたんだ」など）や，個人の変化する力ではどうにもならないと思われる外的要因に帰すこともあります。たとえば，いつも学校や職場で問題をおこしている若者は，そうなるのは自分が悪いのではなく，自分が不公平にいびられるせいだと考えているかもしれません（「もしみんながおれをいびったりしなけりゃ，問題なんかおこさないよ」など）。本当にそうなのか，認知の歪みや偏った見方によるものなのかは，調べる必要があります。とはいえ，認知行動療法に取り組むためには，そのような若者にも，いったん自分の考えを保留して，少なくともその出来事に自分がどう原因として関わっているのかを探る覚悟が求められます。これにはセラピストのはげましが欠かせません。

思考にうまくアクセスできない

「何を考えていたの？」とまともに訊ねられても，若者は自分の考えを見きわめて，それを言葉にすることができないかもしれません。しかし，若者の話に注意深く耳を傾けると，そこにはしばしば思いこみや推論，評価がはっきり出ていることがわかるでしょう。こうした場合，セラピストがターク（Turk 1998）のいう「思考を見つける」役割を引き受けるとうまくいくことがよくあります。相手の話をききながら重要な考えを見つけて，相手の注意をそれらに向けるのです。会話を止め，相手が今口にしたばかりの考えに注目させてもいいでしょうし，適切なときに，それを取り上げて要約してもいいでしょう。たとえば，最近あった「ホットな」〔第9章参照〕状況について相手が話すのをきいたら，重要な感情とその感情に結びついている思考を見つけて，それを要約してあげるのです。

若者はよく，思考と感情を混同します。そのため，ベルシャーとウィルクスは「混同による影響を調べる」必要があると強調しています（Belsher and Wilkes 1994）。つまり，セラピストはセッション中，感情の変化によく注意し，気づいたこと（たとえば，「きみは今，腹を立てている原因について考えていたみたいだね」など）をクライエントに伝えて，クライエントが感情と結びついている思考を見きわめられるようにしなくてはならないということです。

若者は自分の認知に気づくために，さらに助けを必要とすることもよくあります。そういう場合セラピストは，ソクラテス的質問をしたり，可能性のある考えをリストにして，若者が「はい」「いいえ」で答えられるようにしたりするといいでしょう。セラピストがよく観察し，注意深く質

問することによって，若者は自分の感情の下に潜んでいる認知に気づくことができるようになります。

家庭での課題に取り組まない

　認知行動療法は能動的なプロセスであり，通常，セッション以外で行なう情報収集とスキルの訓練を含んでいます。若者によっては，家庭での課題に関心をもち，熱心に取り組む者もいれば，それをいやがり，いくらいっても課題を提出できない者もいます。この問題については，当の若者と心を開いて話し合い，家庭での課題の重要性を説明し，実際のところ，もしできるとして，どの程度のものなら取り組めるのかについて，合意を取りつける必要があります。課題に対する適切な取り組み方を見つけることも大切です。たとえば，思考日記を手書きするのはいやがっても，コンピュータやスマートフォンに記録することには興味を示すかもしれません。また，電子メールで考えを伝えることに意欲を示す者もいれば，ボイス・レコーダーに「考えを吹きこむ」ほうがいいという者もいるでしょう。

　認知行動療法の自己認識の段階では，どうしても家庭での課題をやり終えなくてはならないというわけではありません。記録をつけつづけられない若者の体験や思考や感情は，セッションでもアセスメントすることができます。最近の困った状況を話してもらい，その出来事に伴って生じた思考や感情を探っていきましょう。

　しかし，家庭での課題の重要性が高まる時期があります。スキルを身につけて強化する段階に至ったときです。この時期，若者は日常の条件下でスキルを練習し，それらが役立つことに気づいていきます。練習をしないと，新しいスキルが身につかないため，これまでとは違う行動を取れるようになりません。ただ，この段階に至るまでには，治療関係が率直で強力なものになっていて，家庭での課題をもっと楽にできるようにするにはどうしたらいいかをすでに話し合えている見こみはあります。

焦点が移動する

　若者はしばしば，短期的にものごとを考えていて，今ここに焦点を絞っています。したがって，若者との取り組みでは，前回のセッションで集中的に取り組んだ重要な問題が，次回にはまるで奇跡のように消え失せ，もはやまったく問題でなくなってしまうことも，珍しいことではありません。セラピストはこの焦点の移動に当惑することがあり，その結果として，広範囲にわたるスキルの体系的な習得ではなく，問題の追跡に終始することにもなりかねません。

　前回問題になっていたことが解決したのであれば，それを祝ってクライエントの自己効力感を高めるための有用な機会が得られます。若者はセラピストに手助けしてもらえば，自分がやり遂げたことを思い返し，内容を詳しく調べて，ほかにも暮らしのなかで問題になっていることにそれをどう適用したらいいかを探ることができます。セラピストはこれを認知行動療法のモデルに関連づけ，思考と行動の重要な関係性を引き出して，重要な対処方略を強調するといいでしょう。このようにすれば，具体的な問題の焦点は移動しても，それを支える認知行動療法の枠組みは，内省の枠組みとして活かしつづけることができます。

自己中心性に対処する

認知行動療法の取り組みでは，新たな考えや説明に対して，判断を加えず，オープンな姿勢を保つことが必要になります。いかにも自己中心的な一部の若者には，これがなかなかできない可能性があります。自分の見解が唯一の選択肢だと思いこんでいるからです。そういう場合，セラピストはつい，解釈はほかにもいろいろあるのだと若者を説得しようとしがちです。しかし，これは返って逆効果で，若者はさらに必死に自分の考えを正当化し，客観的な評価に取り組もうとする気持ちを失っていきます。

ここで役立つのが，ソクラテス的質問です。セラピストは心を開き，好奇心をもちつづけつつソクラテス的質問をして，若者が自分の考えに疑問をもてるようにしていきます。このときセラピストは，相手の考えを熟慮する姿勢を崩さないようにし，まずはそれを認めて，いきなり疑問視しないようにしなくてはなりません。そして，好奇心を示しつつ，一貫性を欠いていたり矛盾していたりする新情報について，じっくり検討するよう，若者に提案します。それにはげまされた若者は，その新情報がどれだけ自分の思いこみや推論に合致しているかを明らかにしたり，自分自身の考えにはどのくらい修正が必要かを検討したりすることになります。このようなプロセスを経て，若者は自分の考えを批判的に評価できるようになっていきます。

家族に重大な問題がある

家族の動態は複雑であり，若者がスケープゴートにされたり，不当にも家族の問題の全責任を負わされたりすることもあります。そのような場合，若者にだけ認知行動療法を行なって，もっと広範な家族の問題に取り組まないのは，適切ではありません。

また，若者に認められる役に立たない認知が，親の養育力不足や親の行動に関連している場合も，若者にだけ認知行動療法を行なうのは不適切であり，効果も望めません（Kaplan, Thompson, and Searson 1995）。若者が「いつも親にこき下ろされるんだ」と訴えたとき，セラピストは徹底的な調査を行ない，それが認知の歪みによるものなのか，機能不全の家族を映し出すものなのかを判断しなくてはなりません。これを判断して初めて，個人に対する認知行動療法がふさわしいのか，もっと体系的な手法がふさわしいのかが明らかになります。

「いってることはわかるけど，信じられない」

若者はときに，認知行動療法の目的とさまざまな方法を理解していても，そのプロセスを体験するときには，距離を置いて理論を学ぶような姿勢で臨んでいるように思われることがあります。それまでの思考を体系的に見直し，それらに代わる考えを生み出してはいるかもしれませんが，とにかく，自分が発見したことを信じていないのです。同様に，思考を受け入れ，なんの判断も加えずに観察する目的は理解できても，そうした思考の是非を論じるのをやめることができず，放っておくことができません。そのような若者には，さらに説明をして練習を重ねてもらう必要があるかもしれませんが，いずれ，このアプローチでは効果が上がらないことがはっきりすることもあるでしょう。

パートナーシップの真の精神からすれば，こうした事実はしっかり認めて，率直に話し合う必要があります。認知行動療法の基本理念は，若者が自分の役に立つものを見つけることではありますが，役に立たないものを見つけることも同様に重要です。何が障害になりそうかを探り，思

考を見直すやり方から，思考を受け入れて観察するやり方に変更するかどうか（あるいは，その逆にするかどうか）について，話し合わなくてはなりません。代わりの方法もやはり若者に受け入れられない場合は，認知行動療法ではない別の方法を考えるべきです。

若者を対象とした認知行動療法の取り組みによくある問題は，以下のとおりである。

- 言語スキルや認知スキルが限られていて，思考にうまくアクセスできない。

- 問題があるという自覚がない場合や，問題に取り組もうとしない場合がある。

- 家族に重大な問題がある。

- 家庭での課題に取り組まない。

- 焦点が移動する。

- アプローチの理解に問題がある。

◀第3章▶ 本書のあらまし

　本書は一種の素材集で，認知行動療法の概念と方略を若者に合わせて工夫したワークシートを多数収録しています。素材には，従来の行動療法や第二世代の認知療法から来た方法や考えが含まれており，若者はそれらに助けられて種々のスキルを身につけ，自分の行動や考え方を理解し，積極的にそれらを変えていきます。本書では，「第三」世代の認知行動療法モデルも活用しています。第三世代の認知行動療法は，自分と自分の思考との関係性を変えることに焦点を絞っていて，判断を加えない思いやりのある気づきと受容を促すマインドフルネスやアクセプタンス＆コミットメント・セラピーの考え方を活用しています。

　本書は，若者のニーズや好み，問題の性質に応じて，柔軟に調整して活用することができます。収めた素材は，包括的なプログラムとして体系的に行なわれることを意図したものではないからです。たとえば，構造化された認知行動療法やマインドフルネスによる介入は提供していませんが，代わりに，そうしたモデルで用いられている考え方やテクニックは，一部活用しています。また，抑うつやパニック障害といった具体的な心の健康問題に焦点を絞っているわけではありません。不安，気分の落ちこみ，怒りなど，幅広い問題を抱えた若者に役立てていただけます。最後に一点，本書は，心理的問題を抱えている若者だけでなく，今は特に悩みのない若者にも役立つものであることにお伝えしておきます。本書の素材を活用すれば，心の苦痛を軽減するだけでなく，心理的な充足感を維持し増大させるためのスキルを身につけることができます。

　本書の素材のあらましは，図3.1でご覧いただけます。

　図の中央にある三つは，従来の認知行動療法の素材であり，このモデルの中心的な領域，すなわち，思考，感情，行動に焦点を絞っています。これらに至る前には，変化への準備段階があり，そこで認知行動療法モデルについての基本情報を入手し，達成目標やそこに行き着くまでの具体的な目標を立てることになります。最終段階では，よい状態をいかに保つかに焦点を絞り，特に若者に役立つスキルを要約し，問題が再発した場合の対処法を提供します。

　外周の循環は，新世代の認知行動療法の考えを活かしたものです。健全な習慣として概念化されているスキルは，思いやりや好奇心，マインドフルな自己認識，受容を基盤にした新たな生き方を身につけるためのものです。その焦点は，役に立たない認知を真っ向から問題にしたり，即座に変えたりすることではなく，自分の思考や感情や体験と自分自身との関係性を変えることに絞られています。健全な習慣には，マインドフルネスで自己認識を促す，受け入れる，発生した出来事に耐えられるようになる，ありのままの自分を大切にし，自分の行動を尊重する，優しさや自分の強みに注目する，などがあります。よい状態を保つ計画は肯定的な生活充足感を維持す

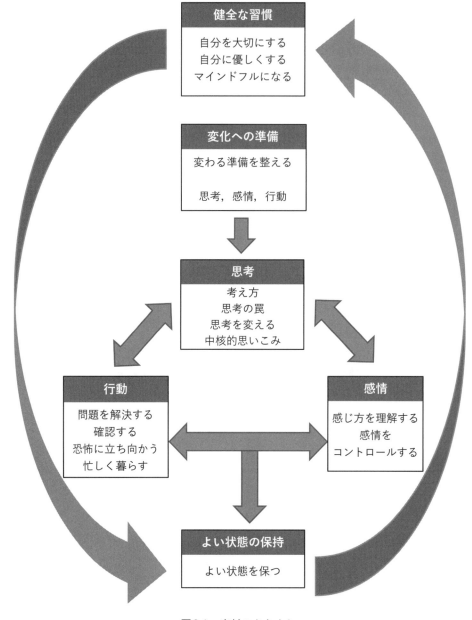

図3.1 素材のあらまし

るために，これらのスキルをふんだんに取り入れています。

　図3.1で，従来の認知行動療法と第三世代のモデルとの違いを表示したのは，主に，それぞれの方法の焦点が異なっている点を強調するためです。心理的な苦痛の軽減を目ざしているのは，いずれの方法も同じですが，それを達成するために，従来の方法では，役に立たない思考を積極的に見直して変えようとするのに対して，第三世代の方法では，主に観察と受容を奨励します。したがって，第三世代の認知行動療法を概念的に説明すると，健全な習慣を形成し，それを土台にして，日々を生きる新たな生き方を身につける方法ということになります。

　しかし，この第三世代のモデルは，それ自体が非常に効果的な介入法であることに注目するべきです。このモデルはさまざまな研究による情報を基盤とし，明解な理論的土台を備えたものであり，これをガイドとして，広範囲にわたる包括的な治療的介入が行なわれています。ただ，従来の行動療法，認知療法，第三世代の認知行動療法で用いられているテクニックのなかには重なり合う部分もあるため，区別は任意でもあります。

　本書の素材と添付のエクササイズは以下のテーマを扱っています。

1. 自分を大切にする——自分の強みを認めて，自分自身を大切にする
2. 自分に優しくする——ありのままの自分自身を受け入れる
3. マインドフルになる——好奇心をもち，判断を加えないで観察する
4. 変わる準備を整える——どう変わりたいのかを考える
5. 思考，感情，行動——認知行動療法モデルを理解する
6. 考え方——役に立つ思考と役に立たない思考を見きわめる
7. 思考の罠——よくある認知バイアスを理解する
8. 考え方を変える——これまでよりバランスが取れている有用な考え方を検証して，身につける
9. 中核的思いこみ——強固な考え方を見つける
10. どのような気持ちになるかを理解する——さまざまな感情を認識する
11. 感情をコントロールする——感情を管理する方法を学ぶ
12. 問題を解決する——問題に取り組む方法，それを克服する方法を学ぶ
13. よく調べる——実験を行なって自分の思考を検証する
14. 恐怖に立ち向かう——難題を小さなステップに分ける
15. 忙しく暮らす——活動を増やして気分を改善する
16. よい状態を保つ——自分に最も役立った考えを憶えておく

　いずれのテーマでも，まずおおよその解説を行ない，若者によくある問題と取り上げた素材とを関連づける例をいくつか紹介します。そのあとに一連のワークシートがつづきます。これらのワークシートは，若者が各章で得た情報を自分の問題に適用できるように設計されています。ワークシートを柔軟に活用すれば，自分に最も関係している問題やエクササイズに集中することができます。ワークシートは，本書のウェブサイトからダウンロードして印刷してください。

▶ 自分を大切にする

要約

　第4章では，**自尊感情**——すなわち，自分自身や自分の行動のとらえ方——という概念を取り入れています。特に強調するのは，高い自尊感情や低い自尊感情が自分の感じ方や行動の仕方に与える影響と，**自分の強み**や自分がやり遂げたこと，**肯定的な出来事**を認めて，それらに集中することによって，自尊感情が高まるという点です。最後に，**自分を大切にすること**，必ずしっかり食べ，よく寝て，いつでも活発に動けるようにしておくことを若者に強く奨めます。

- ■ 自分の強みを認める。
- ■ 肯定的な出来事に注目する。
- ■ 自分自身を大切にする。

ワークシート

「**自分の強みを見つける**」では，自分自身や自分の生活について，これまでとは異なる側面に注目して，自分自身の強みや自分がやり遂げたことを見つけるよう，若者をはげまします。「**よいこと日記**」は，肯定的な出来事に焦点を絞り直すのに役立ちます。やり遂げたことやうまくできたこと，前向きの気持ちになれた出来事を積極的に見つけて記録することで，よいことを見落としたり軽視したりする傾向を抑えるためのものです。「**有名人の自尊感情**」では，有名人のなかで，自尊感情力が高い人と自尊感情力が低い人を特定して，その人たちの行動の仕方と行動内容を説明します。こうすることで，低い自尊感情がもたらす否定的な影響や，高い自尊感情に寄与しうるスキルや資質を，一部なりとも強調することができます。最後の「**睡眠日記**」と「**運動日記**」は，睡眠について心配している若者や，充分に体を動かせているかどうか自信のない若者のためのものです。

▶ 自分に優しくする

要約

　第5章では，コンパッション・フォーカスト・セラピーやアクセプタンス＆コミットメント・セラピーの考えを活用し，自分自身や自分の行動の批判やあら探しをやめて，ありのままの自分を受け入れようと若者をはげまします。そして，そのためには8つの習慣を身につけることが大切だという考えを紹介します。

　まずは，友だちにしてあげるように自分にもすることです。もっと優しい言葉をかけてくれる内なる声を生み出して，自己批判を減らしましょう。つらいときには自分自身を大切にして，**落ちこんでいる自分を責めない**ようにしてください。そして，そうするために，**自分の間違いを許し**，間違いは起きるものであることを認め，**自分がやり遂げたことに注目して，それを称えられる**ようになることが重要です。やり終えていないことについて，自分を責めてはいけません。別人になろうとするのはやめて，**ありのままの自分を受け入れ，自分に優しい言葉をかけ**ましょう。最後に，よいこと探しをするよう，若者をはげまし，**他者のよいところを見つけ，他者に優しくする**よう促します。

- ■ 自分自身に優しくする。
- ■ 自分の間違いを許す。
- ■ ありのままの自分を受け入れる。
- ■ 自分や他者のよいところを見つける。

ワークシート

　わたしたちはしばしば，友だちに対しては寛大で，相手の支えになろうとするのに，自分自身に対しては，厳しく当たり，ひどく批判的になりがちです。「**友だちにしてあげるように，自分にもする**」を使えば，自分自身への声のかけ方を顧みて，友だちへの声のかけ方とそれとを比較することができます。「**自分を大切にする**」は，ものごとがうまくいっていないときに自分自身につらく当たる傾向を抑えるのに役立ちます。自分を責めるのをやめて，気分がよくなることをするよう，若者をはげまします。「**今までより優しい心のなかの声**」でも同じテーマを取り上げています。このエクササイズでは，自分にかける言葉をこれまでより優しくて批判の少ないものに変え，それを使う練習をします。最後の「**優しさを見つける**」では，世間の見方を変えて，優しい出来事を積極的に探すよう，若者をはげまします。

▶ マインドフルになる

要約

　第6章は**マインドフルネス**に焦点を絞り，「FOCUS」の5ステップを取り入れます。「FOCUS」では，まず，**注意を集中させます**（**F**ocus）。次に，**今ここでおきていることを観察します**（**O**bserve）が，これは**好奇心**（**C**uriosity）をもって行ないます。つづいて，その体験を，**五感を働かせて**（**U**se）しっかり味わいます。最後は，**判断を差し控え**（**S**upend），自分の考えを受け入れます。浮かんだ考えを止めようとしたり，変えようとしたり，それに対応しようとしたりしないことが大切です〔各ステップを説明する英語の頭文字をつなぐとFOCUSとなる〕。

　マインドフルネスを日常生活に組み入れる方法は数多くあります。その説明をしたあと，それらを試してみるよう，若者をはげまします。たとえば，**呼吸や食事をしながら**マインドフルになろうとする，散歩や筆記用具など，当たり前のことになっている**日常的な活動**や身の回りのものに注意と五感を集中させることでマインドフルになろうとする，といったことができます。最後に，**判断を差し控えて，マインドフルに考える**ことを，若者に奨めます。マインドフルな思考では，自分の考えと感情から一歩下がって，それらを観察します。

- ■　今おきていることに注意を集中する。
- ■　今おきていることを観察する。
- ■　好奇心をもって取り組む。
- ■　五感を働かせる。
- ■　判断を差し控える。

ワークシート

　本章のワークシートを活用すれば，マインドフルネスを日常生活に組み入れられるようになります。「**マインドフルに呼吸する**」は，どんな場所でも手早くできるエクササイズで，これを練習すると，自分の呼吸に集中できるようになります。「**マインドフルに考える**」は，心配で心が落ち

着かなくなっているときに役立つエクササイズです。頭のなかを駆けめぐっている思考から一歩下がり，好奇心をもってそれを観察します。「マインドフルに**観察する**」では，しばしば当たり前のことになっている日用品や日常的な場所に，注意を充分に集中させることができるようになります。最後の「**自分が使っているものにしっかり注目している？**」では，わたしたちがいかに，自分が日々普通に使っているものの多くに，注意を向けていないかが明らかになります。

▶ 変わる準備を整える

要約

　第7章では，認知行動療法と，このモデルの重要な三要素——**思考，感情，行動**——について，紹介します。特に，役に立たない考え方がどのように不快な感情を発生させるかについて，また，その感情のせいで，いろいろなことを避けたり，試すのをあきらめたり，行動を中止したりする可能性が高まる事実について，強調します。気持ちが落ちこめば落ちこむほど，行動が減り，考えこむ時間が増え，最後は**負の罠**にはまります。そうなると，不思議なことに，考えていた否定的なあれこれは，本当にそのとおりになるようです。

　後半では，これまでとは違うやり方でものごとに取り組む**心構え**ができているかどうかをチェックします。ここでもち上がるのが，当人に変わる準備ができているのかという問題や，判断を差し控える必要性，別のやり方をすることに心を開く必要性に関する問題です。

　達成目標の設定は，セラピストと合意した結果に向かって着実に取り組んでいく上で，とても重要です。達成目標を明確にするために，目標はSMARTでなくてはならない点が強調されます。「SMART」とは，目標は具体的（specific）で重要な意味をもち（meaningful），達成可能（achievable）でやりがいがあり（rewarding），適切な時間枠が設定された（timely）ものでなくてはならないとする考え方です〔各特徴の頭文字をつなぐとSMARTとなる〕。解決志向型短期療法で用いられる**奇跡の質問**も活用し，若者が将来に焦点を絞り，もし朝目が醒めて問題がなくなっていたとしたら，状況はどのように変わると思うかを考えられるようにします。

■　認知行動療法の中核的要素——思考，感情，行動——を紹介する。

■　自分の達成目標を設定する。

ワークシート

　「**変わる準備はできている？**」は，当人の期待度や，今が変化のプロセスに取り組む時期かどうかを評価する方法です。状況が変わるかどうかや，自分の問題を克服できるかどうかに確信がもてない場合は，待ったほうがいいかもしれません。「**認知行動療法**」は，認知行動療法を簡潔に説明した資料で，この治療法を説明するときに配布することができます。「**奇跡の質問**」は，解決志向型短期療法に由来するもので，もし問題がなくなったら将来はどう変わるかを語ってもらうためのものです。若者が自分の達成目標について考えられないような場合に，この奇跡の質問が目標の見きわめに役立ちます。最後の「**わたしの達成目標**」では，変化と目標達成への進捗状況を，

週単位でモニターすることができます。記入できる目標は三つまでで，各セッションの開始時に，目標の達成度を評価します。

▶ 思考，感情，行動

要約

　第8章では，認知行動療法と**負の罠**について，さらにくわしく説明し，さまざまなタイプの認知——**中核的思いこみ，先入観（推論），自動思考**——についても説明を加えます。どのようにして中核的思いこみが活性化され，先入観（推論）に影響を及ぼし，最もアクセスしやすいレベルの認知——**自動思考**——を作り出すのかに光を当て，肯定的な思考と否定的な思考が**感情**と**行動**に与える影響を説明します。そして，否定的な思考が不快な感情を生み出し，その感情が行動を制限するという**負の罠**を特定し，これがどのように元の思いこみを強化するのかを明らかにします。

- ■ 中核的思いこみ，先入観（推論），自動思考を紹介する。
- ■ 負の罠を理解する。

ワークシート

　「**負の罠**」は，認知モデルの重要な要素をまとめた図です。認知モデルを教えるときに配布し，本書の他のセクションとのつながりを示す枠組みとして，活用することができます。

　「**役に立たない考え**」を使えば，思考が感情や行動に及ぼす影響について，気づいてもらうことができます。若者をはげまして，厄介だと思っている状況を書き出してもらい，自分の頭のなかを駆けめぐる思考や，気づいた感情，自分の振る舞い方をいくらかでもつかまえるよう，はげましましょう。

▶ 考え方

要約

　第9章では，**ホットな考え**という概念を導入して，ある考え方が強烈な情動反応を引きおこす点を強調します。ホットな考えは認知の三要素——自分自身をどう見ているか，自分にどう接してほしいのか，将来をどう考えているのか——に関わっているのかもしれません。**自動思考**は，場合によっては**役に立ち**，そのおかげで気分がよくなり，難題に立ち向かい，自分の強みや成功，やり遂げたことに注目しようという気持ちになることもあります。一方，**役に立たない**場合もあります。そのせいで不快な気分になり，否定的かつ批判的で偏った考えが生じて，いろいろな活動をしなくなります。わたしたちはつい，そうした考えに耳を傾け，それらを正しいものとして受け入れてしまい，ちょっと立ち止まって自分の思考を問題にしたり見直したりすることはありません。ここでは，この実態について説明し，これが負の罠を永続させている点を強調します。

ワークシート

　本章では，三種類のワークシートを用意して，若者が自分の思考にもっとよく気づけるようにしています。「**自分の考えをチェックする**」では，自分の感じ方が変化したことに気づいたとき，どんな考えが心のなかを駆けめぐっていたかを書き出してもらいます。そして，認知の三要素——自分自身はどういう人間なのか，自分は人にどう接してほしいのか，将来何がおきると思うか——に関係している考えを，そのなかから探してもらいます。

　「**ホットな考え**」は日記形式の記録で，日時，そのとき何をしていたのか，どのような強烈な感情が浮かんだのか，どのような考えが心を駆けめぐっていたかを記録します。人によっては，パソコンで日記をつけるなり，ホットな考えをメールで送るなりするほうがよいと思うかもしれません。一方，自分の考えがなかなか見きわめられない若者も，たぶんいることでしょう。そういう場合は，無理に見きわめようとしないで，ひたすら「**頭の中身をダウンロードする**」よう，はげましましょう。頭のなかをうるさく駆けめぐっている考えに気づいたら，それをすべて書きとめておくのです。その際，自分が書いた内容を気恥ずかしく思ったり，何を考えているのか自分でもわからないと思ったりすることがあるかもしれませんが，それはそれでかまいません。ここですべきことは，心のなかを駆けめぐって苦痛を発生させている考えを見つけようとすることですから。

▶ 思考の罠

　第10章では，認知の歪みとバイアスを，**思考の罠**として紹介しています。思考の罠にはまると，役に立たない偏った考え方をするようになります。思考の罠には，主なものが5種類あり，それらによく見られる特徴として，11種類の認知の歪みを挙げることができます。

　最初の罠はネガティブ・フィルターで，このフィルターがかかると，肯定的なことはすべて取り除かれ，見過ごされたままになります。ネガティブ・フィルターは，二つの形で発生します。一つは，「**ダメダメ色メガネ**」でものごとを見るときです（選択的抽出）。この色メガネをかけていると，否定的な出来事にばかり注目するようになります。もう一つは，「**よいところを無視する**」ときです（肯定面の無価値化）。肯定的なことはすべて，取るに足らないこと，関係ないこととして退けられます。

　二つ目の罠は，ものごとを誇張して考えるということです。こうなると，否定的な出来事の重要性は実際よりも大きくふくらみます。これは主に，三つの形で発生します。一つは，「**マイナス面を大げさにする**」ときです（拡大思考）。つまり，ささいな否定的出来事の重要性を誇張して強調するのです。二つ目は，「**最悪を考える**」ときです（破局化）。この罠に陥ると，おこりうる結果の予測は悪いほうに向かいます。三つ目は，「**全か無かの考え方**」をするとき（二分法的思考）で，こうなると，考え方が両極端になり，中間部分がなくなります。

　三つ目の罠は，失敗を予測するということです（恣意的推論）。つまり，いろいろな予測をするなかで，しばしば，より悪い事態を想定するのです。よくあるのは，他者の考えていることがわかると決めこんでいる「**読心術師**」タイプと，将来の出来事がわかるという「**占い師**」タイプです。

　四つ目の罠は，自分を責めるということです。これは二つの形でおこりえます。一つは，「**ダメ人間のレッテルを貼る**」ことです（ラベリング）。何をやってもダメだというレッテルを自分に貼り，それを生活のあらゆる面に適用します。今一つは，「**自分のせいにする**」ということで，うまくいかないことはすべて，自分のせいだと考えます（個人化）。

　最後の罠は，失敗する自分を作り出す（非現実的な期待をする）ということです。これも二つの形でおこりえます。一つは「**べき思考**」で，自分や他者の取るべき行動について，ありえないほど高い期待を寄せます。もう一つは「**完璧を目ざす**」ことで，不可能な基準を自分に課すために失敗がつづき，その結果，自分はダメだという思いこみが強化されます。

- ■　よくある思考の罠の特定
- ■　思考のモニタリングと，個人的な罠の特定

ワークシート

　「**思考の罠**」は，主な思考の罠についての要約です。若者に配布して，自分で気づいた例を書きこんでもらいましょう。「**思考と感情**」は日記形式の記録で，前出のホットな考えに関する日記を拡大したものです。これには自分の考えだけでなく，自分が思考の罠にはまっていないかどうか，もしはまっているとしたら，どの罠かについても記録します。

▶ 考え方を変える

要約

　自分の思考と一般的な思考の罠を特定できるようになったら，次は，体系的に**思考を調べ**ます。「**見つけて，調べ，見直して，変える**」という4段階のプロセスを紹介して，それに取り組むよう，若者をはげまします。

　まず役に立たない考え方を「見つけて」，そのせいで状況を実際よりも悪くとらえていないかを「調べ」，その考え方を「見直し」ます。この見直しの段階では，見落としたり忘れたりしている反証や，取るに足らないことだと片づけてしまっている反証を，積極的に探します。そのようにしてわかったことについてじっくり考えたのちに，これまでの自分の考え方を，もっと証拠に合致した，偏りの少ない有用なものに「変える」段階に進みます。

　自分自身の否定的な考え方を見直すのは，若者には難しいこともあるでしょう。そういう場合には，別の立場に立ち，**ほかの人ならどういうだろう？**　と考えることで，思考の見直しをするほうが簡単かもしれません。「もし親友や尊敬している誰かがあなたの考えを聞いたら，どういうと思いますか？」と，若者に訊ねましょう。あるいは，「もし自分の親友がそのように考えていたら，あなたはどのような言葉をかけてあげますか？」と訊ねてもいいでしょう。

最後に，絶え間なくつづく**心配に対応する**方法を話し合います。心配は，何かしら打つ手のあるものと，まったく打つ手のない「もし……だったらどうしよう」という心配とに分類されます。心配には限度を設ける必要があります。その必要性を強調するために，心配する時間を用意して，その時間だけはひたすら心配するというやり方をします。日中に生じた心配は書き留めておき，実際に心配するのは，用意した時間まで待つのです。その時間が来たら，書き留めておいた心配を整理し，何か手を打つことのできるタイプの心配については，解決方法を見つけます。何も対処できないタイプの心配は，そのまま受け入れたのちに手放すよう，若者をはげまします。

- ■　認知の評価
- ■　認知の再構築
- ■　第三者の観点
- ■　心配に費やす時間の制限

ワークシート

　「**考えを調べる**」では，セラピストの指導のもと，上記の4段階プロセスを若者にたどってもらい，思考を見直していきます。これを紙に書き出すことは，思考の罠や見落とした情報の発見に役立つ強力な方法になりえます。「**ほかの人ならどういうだろう？**」は，自分の考えを特定し，友だちや尊敬する他者の観点からそれらを考察して見直すのに役立ちます。「**心配に対応する**」は，心配日記という形で，若者が自分の考えを整理し，何かしら打つ手のあるものと受け入れなくてはならないものとに分けるのを手伝います。

▶　中核的思いこみ

要約

　考え方を変えるのは，ときに難しいことがあります。というのも，考え方というのは，きわめて強固で柔軟性を欠き，説得力があるからです。これが中核的思いこみであり，中核的思いこみは，「**それって，どういうこと？**」という質問を繰り返すことによって特定することができます。つまり，相手の普段の言葉から伺われる考えを取り上げて，中核的思いこみが明らかになるまで，「**それって，どういうこと？**」と繰り返し質問するのです。中核的思いこみは非常に強力で，いかなる変化にも強固に抵抗するため，その考えの制限に役立つ証拠を探さなくてはなりません。これをやり遂げるには，その考えが**いつも正しいとは限らない**ことを示す証拠を積極的に集めることです。そうすることがやはり難しいという場合は，ほかの**誰かと話してみる**とよいかもしれません。

> ■ 中核的思いこみを特定する。
>
> ■ 中核的思いこみを見直して，検証する。

ワークシート

「それって，どういうこと？」は，下向き矢印法によるエクササイズで，中核的思いこみを見つけるのに役立ちます（Burns 1980）。よく頭に浮かんでくる考えや強固な考えを特定したら，「じゃ，（もしそれが本当だとしたら）それって，どういうこと？」と質問しつづけて，中核的思いこみを明らかにします。

中核的思いこみを特定することができたら，「それはいつも正しい？」を使い，それが必ずしも完全には正しくないこともありうる証拠を記録します。若者はこれを行なうことで，たとえば「自分はダメ人間だ」というような強固な考え方に制限を設けて，「学科の出来は悪いけれど，演劇ではよい結果を出せる」というような考え方ができるようになります。

最後の「わたしの思いこみ」は子ども用のスキーマ質問表で（Stallard and Rayner 2005; Stallard 2007），子どもが15のよくある思いこみをどれだけ強く認識しているかを評価するためのものです。セラピストはこの質問表をヒントに，若者がどのような思いこみをもち，なぜ同じ問題が何度も発生するのか，なぜ結局同じ思考の罠にはまってしまうのかについて，認識を深めることができます。

▶ どのような気持ちになるかを理解する

要約

第13章は，感情教育に焦点を絞り，若者が自分の**体からのサイン**を理解できるようにすることで，さまざまな感情に対する気づきを高められるようにします。ごく一般的な不快な感情として，**落ちこみ，抑うつ状態，怒り**を取り上げて論じ，感情と思考と行動の間の関係を強調します。

> ■ 感情教育
>
> ■ 感情のモニタリング

ワークシート

「落ちこんでいるとき」，「不安になっているとき」，「怒っているとき」の各ワークシートは，それぞれの場合に体によく現れるサインについて，意識を高めてもらうためのものです。これらは個々に記入しても，グループで記入してもかまいません。グループで記入すれば，感情による体のサインで，特によく生じるものを見つけることができますし，生じる体のサインが同じ（たとえば，体がカッと熱くなり，顔が紅潮するなど）であっても，感情は異なる場合があることに気づけるようにもなります。これによって，他者がどういう気持ちを抱いているのかについての理

解を深めることができる一方，自分自身のエモーショナル・リテラシー（感情の制御に関する知識）を育て，早期に介入して自分の感情を管理できるようにもなります。

　若者は，不安や抑うつ状態がけっして珍しいものではないことに気づいていないことがよくあります。「**ほかの人も自分と同じように感じるのだろうか？**」では，インターネットを活用して，その疑問の答えを調べたり，有名人が自分と同じ問題に苦しみ，それをどう克服したかを明らかにしたりするよう，若者をはげまします。「**感情日記**」をつけてみると，感情はでたらめに生じているのではなく，特定の状況や考えが引き金になって発生していることに気づけるようになります。「**気分のモニタリング**」を使えば，1日を通して感情がどのように変化するのかがわかり，特に厄介な時間帯を特定できるようになります。

▶ 感情をコントロールする

要約

　第14章では，感情を管理するスキルの習得に焦点を絞り，さまざまな状況で活用できるさまざまな方略を提供します。当然ながら，方法によって，有用性やすでに使っている考え方との相性，日常生活への取りこみやすさに，差があるはずです。ここでは，異なる状況で使用できる種々の方法が入った道具箱を用意します。

　段階的に筋肉をリラックスさせていくエクササイズについては，いくつかやり方を説明しています。**リラックスするためのエクササイズ**は，主な筋肉群をそれぞれ緊張させては弛緩させていきますが，**短時間でできるリラクセーション**は，筋肉群をまとめて緊張させるというやり方をします。**運動をする**際には，筋肉を緊張させ弛緩させる方法として，それ以前から楽しんでいる日常的な活動を利用します。呼吸をコントロールする**4-5-6 呼吸法**を身につければ，すばやく気持ちをコントロールする力を取り戻して，落ち着けるようになります。**頭を使うゲーム**は気そらしのエクササイズで，不快な考えや体のサインから注意をそらし，ニュートラルな外的刺激に気持ちを集中させます。こうしたエクササイズは，短期的な安心をもたらし，難題に立ち向かうときの助けにはなりますが，長期的な方略として奨励すべきものではありません。

　感じ方を変えるでは，感じ方を変えるために積極的に何かをするよう，若者をはげまします。悲しいときには，前向きな反応を引き出せる活動や，楽しい気分になる活動，思わず笑いたくなるような活動に取り組み，腹が立ったときには，気持ちが落ち着くような活動を見つけましょう。**自分を落ち着かせる**「**自己鎮静法**」は，弁証法的行動療法（DBT）で用いられているもので，主要な感覚が鎮まるような刺激を与えて，若者を落ち着かせます。最後に，**誰かに話してみる**こと，自分の感じ方について相談できる人や自分の気分を改善してくれる人の連絡先リストを作成することを奨めます。

- ■　リラクセーション
- ■　運動
- ■　心が落ち着くイメージ
- ■　呼吸のコントロール
- ■　気そらし
- ■　自己鎮静法
- ■　誰かに話してみる

ワークシート

　「リラックス日記」には，リラクセーション・エクササイズの前後の気分を要約して記録します。若者をはげまして，リラクセーションの前後に不安の強度を評価してもらいます。そうすることで，不安が変化する可能性を強調できるようになり，リラクセーションが役立たないように見えるという問題にも焦点を絞ることができるようになります。「**気分の改善に役立つ活動**」には，自分がすでにやり始めていたり楽しんでいたりする活動やスポーツや運動を記録しておきます。こうして一覧にしておけば，ストレスや怒り，不幸を感じたときに使えそうな活動がすぐにわかります。また，心を鎮めるイメージ法の考え方を活かしているのが「**心が落ち着く場所**」で，ここでは，現実の場所でも想像上の場所でもかまわないので，自分の心が落ち着くと思う場所の多感覚イメージを創ってもらいます。ストレスを感じたら，その場所へ逃れて，コントロール力を取り戻してリラックスできるようにするのです。

　「**感じ方を変える**」では，穏やかで幸せな気持ちにゆったり浸れる活動を若者にリストアップしてもらいます。気分の改善に役立てられる活動を一覧にするのです。「**心を鎮める道具箱**」では，若者をはげまし，自分が楽しめることで，五感の一つ一つを刺激できることを考えてもらいます。嗅覚を楽しませてくれるもの（香りつきのキャンドルやコーヒーなど），触覚を楽しませてくれるもの（柔らかな人形の手触りや温かなお風呂に浸かる感覚など），味覚を楽しませてくれるもの（チョコレートやミントなど），視覚を楽しませてくれるもの（写真や空に浮かぶ雲など），聴覚を楽しませてくれるもの（音楽や鳥のさえずりなど）が出てくるでしょう。特定できたら，必要に応じて使えるように，それらをきちんと並べて道具箱にしまいましょう。

　「**誰かに話してみる**」では，自分の感じ方について相談に乗ってもらえる人や自分の気分をすっきりさせてくれる人の連絡先をリストにまとめてもらいます。こうしておけば，何について相談に乗ってもらいたいのか，相手に何をしてもらいたいのか，いつ，どのようにして相手と連絡を取るのかについて，考えられるようになります。

▶ 問題を解決する

要約

　わたしたちは毎日，数多くの決断を下さなくてはなりません。決断は，簡単なものもあれば，ややこしいものもあり，答えも一つだけではないかもしれません。そうして決断を下した結果，問題が生じることもあるでしょう。決断を先送りしたり，状況をじっくり考えずに突っ走ったりすることもありえます。感情的になって判断が鈍ったり，自分の考えに固執するあまりほかの選択肢を考えられなくなったりする可能性もあります。

　この第15章では，6ステップから成る**問題解決方法**を紹介します。これを身につけることによって，若者は，幅広い選択肢について考察し，自分自身や関係者にどのような短期的な結果や長期的な結果が及ぶのかを評価できるようになります。評価し終えたら，自分で判断して，これまでのやり方をまた選ぶのかどうかについて，じっくり考えます。

　ときには，問題や難題が大きすぎて，取り組めそうにないと感じることもあります。そのような場合には，問題を回避するのではなく，それを対処可能な小さなステップに**分ける**ことを奨めます。小さな各ステップを踏んでいき，少しずつ最終的な達成目標に近づけるようにするのです。

- ■　問題を解決する。
- ■　難題は小さなステップに分ける。

ワークシート

　ワークシート「**問題を解決する**」は，若者が六つのステップを踏んで問題を解決していくときの手引きとして使っていただけます。「**小さなステップに分ける**」は，若者を最終的な達成目標へと導く小さなステップを見きわめるときに活用してください。各ステップの内容は，やりがいがなくてはなりませんが，大きすぎてもいけません。小さな各ステップをうまくやり遂げることによって，自信を深め，意欲を高めることを目的としているからです。

▶ よく調べる

要約

　考えの見直しは，偏りの少ない有用な考え方を身につけようとするとき，非常に効果的に働きうる方法です。けれども，ときには若者の考えがきわめて強固で融通性を欠き，考えのチェックに強く抵抗することもあります。そうした場合，**行動実験**は，思いこみと推論の客観的な検証にたいへん役立ちます。行動実験は，特定の考え方を立証したり論駁したりするためではなく，純粋に出来事を検証するために設計されたもので，安全な方法で行なわれます。

　思考と思いこみを客観的に検証するもう一つの方法は，**調査と検索**です。これらは，出来事に関する別の説明を探したり，他者の見解をチェックしたりするときに，特に役立ちます。インターネットやソーシャル・メディアを利用すれば，簡単にアクセスして，情報を収集することができ

ます。**責任を表す円グラフ**を作成すると，さまざまな要素が問題の出来事にどれだけ影響を及ぼしているかを目で見て確認できるようになり，思いこみや推論を限定するのに役立ちます。

■　予測の検証

■　行動実験，調査と検索

ワークシート

　ワークシート「よく調べる」は，行動実験を設計して実行するときのガイドです。特に重要なのは，若者に気づいたことを熟考してもらう段階で，ここでは若者をはげまして，自分の予測と実際におきたこととを比較してもらいます。「**調査と検索**」は調査を行なうときのテンプレートとして使うことができ，ここでもまた若者をはげまし，調査してわかったことや，その新しい情報をどのようにして自分の思いこみや推論に統合できるかについて，じっくり考えてもらいます。「**責任を表す円グラフ**」は，ものごとを目で見てわかる形にする便利な方法で，ここでは，出来事の発生原因と考えられることをすべてリストアップし，各原因がどれだけ出来事に影響を及ぼしているかによって，円を扇形に切り分けます。

▶　恐怖に立ち向かう

要約

　第17章は，不安になる状況や出来事を回避している若者に役立ちます。回避は，短期的な救いにはなりますが，実践できることが著しく制限される可能性がある上に，どう心配に打ち勝って状況に対応していくかを学ぶ機会も奪われます。**恐怖に立ち向かい，それを小さなステップに分け，恐怖のはしごを登っていくことで**，自分の生活を取り戻すよう，若者をはげまします。恐怖を小さなステップに分けると，各ステップが取り組みやすいものになり，若者は最終的な達成目標に少しずつ近づいていけるようになります。

　恐怖に立ち向かうときには，不安が低減するまで，問題のその状況に留まりつづけることが重要です。そうすることによって，その恐怖が想像していたほどではなかったことや，不安はちゃんと低減していくこと，何よりも，自分に対処する力があることがわかるようになります。

■　階層化

■　系統的脱感作

■　エクスポージャー

「小さなステップに分ける」は，たとえば，人と話すなどといった大きな恐怖を，たくさんの具体的な状況に分解する方法です。人と話すことを恐れていると，しまいには，パーティに行かなくなり，友だちの家に外泊することも，昼食時に学校の食堂に行くこともなくなり，スクールバスでの登下校を避け，街へ出かけるのをやめ，学校で助けを求めることができず，店で品物を頼むことすらできなくなるかもしれません。

「恐怖のはしご」では，自分が特定した小さなステップの一つを選び，それを，達成に必要なさらに小さなステップに分けます。それらのステップの難易度をそれぞれ評価し，難易度の低いものから順に，下から上へと並べて，はしごを作成します。

「恐怖に立ち向かう」は，はしごの最下段のステップで行なう最終段階です。このワークシートに取り組むことで，若者は自分の不安に取り組み，学んだことや達成したことについてじっくり考えることができます。ここでは，自己強化や自分への成功報酬が必要であることも強調しなくてはなりません。自分のやり遂げたことを，たとえそれがどんなにささいなことであっても，しっかりほめられるよう，若者をはげましてあげましょう。これらを済ませたら，若者は恐怖のはしごを1段登り，同じプロセスを繰り返しながら，不安を克服して自分の生活を取り戻せるようになっていきます。

▶ 忙しく暮らす

要約

第18章は，気分の低迷がつづいて，いろいろな活動をやめてしまった若者に役立ちます。活動が減ると，考える時間が増えて，おきてしまったことを思い返したり，これからおきることを心配したりするようになります。**行動と感じ方**は，若者が活動と感じ方のつながりに気づき，一日のなかで最も厄介な時間帯を特定できるようにします。その時間帯を特定できれば，活動予定を組み直して実験を行ない，**行動を変える**ことができます。気分の低迷と結びついている時間帯に，気分を高揚させてくれる心地よい活動を組み入れるのです。最後の**楽しみを増やす**では，行動に関わる活動について考え，達成感をもたらす活動で，もっと楽しめて，もっと社交的なものを，生活のなかに徐々に組み入れていくよう，若者をはげまします。最初の目標は，活動的になることであって，気分を改善することではありません。気分の変化は，たぶんあとからついてきます。

- ■　活動のモニタリング
- ■　活動の組み直し
- ■　行動に関わる活動

ワークシート

「**行動と感じ方**」は心理教育的な活動日記で，気分と活動とのつながりを探るものです。その日一日の行動，どう感じたか，その感情はどれくらい強かったかを記録します。「**楽しみを増やす**」

では，若者に手を貸し，自分が楽しめる活動，これまでも楽しんできた活動について考えてもらいます。ただし，これは，落ちこんでいるときにはきついかもしれません。そういう場合は，若者をはげまし，以前は楽しむときに利用していたけれども今はやめてしまっていること，好きだけれどもあまり頻繁にはしないこと，したいと思っているけれども今はまだできないでいることをリストアップしてもらいましょう。そして，そのなかから，一つか二つ，やってみようと思う活動を選んでもらいます。「楽しみを増やす計画を立てる」では，いつこれをするかを決めてきちんと予定を立て，その結果を記録してもらいます。

▶ よい状態を保つ

要約

　第19章では，よい状態の維持とぶり返しの予防に焦点を絞っています。よい状態の維持については，8つのポイントを取り上げ，これまでに気づいた重要なメッセージとスキルのなかで，自分には**何が役に立った**のかを，若者に見きわめてもらいます。さらに，それらを**生活に組み入れ**，役に立つスキルを**練習する**ことを奨め，**ぶり返しを予測する心構え**もして，ぶり返しについては短期的な見方をするよう，若者をはげまします。**自分の前兆を知っておく**ことや，**厄介な状況に用心する**ことで，役に立たない習慣がぶり返しそうな徴候に注意し，そうした状況や出来事に異議を唱える準備を整えられるようになり，将来の問題を避けられるようになります。最後に，ぶり返した場合にも**自分に優しく**し，自分の強みや，これまでやり遂げてきたことを思い出して，**いつも前向きに暮らす**よう，若者をはげまします。

- ■　ぶり返しを予防する。
- ■　よい状態を保つ。

ワークシート

　ここでは，「**よい状態を保つ**」ための計画を立てます。この計画には，重要なメッセージ，役に立つ考え，リラックスする方法，自分が役に立つと思う認知スキルを書いておきます。「**自分の前兆**」は，役に立たない考え方や，ぶり返しを思わせる感情や行動の変化を，できるだけ早期に見つけられるように設計されています。最後の「**厄介な状況**」は，若者が将来の難題に備えるのに役立ちます。問題になりそうな状況や出来事を特定することで，対処計画をじっくり練り，よい結果を出すのに役立つスキルを充分練習できるようになります。

◀第4章▶ 自分を大切にする

　自分自身のとらえ方，すなわち**自尊感情**は，とても重要です。自尊感情とは，ありのままの自分や自分の行動をどれだけ尊重し，どれだけ大切にしているかということです。それは，自分の感じ方や行動の取り方に影響を与えます。

　自尊感情は，**低い**こともあれば**高い**こともあります。自分を**低く**評価している人には，次のような特徴が見られます。

▶ きわめて**自己批判的**で，自分を責め立てる。

▶ **自信がなく**，新しいことを試すことに不安を感じている。

▶ 自分は**充分ではない**と感じることがよくある。

▶ 自分の**欠点や失敗**に注目する。

▶ **うまくできたことを見落とす**。

▶ 自分には**価値がない**と感じる。

▶ **難題に立ち向かうのをしぶる**。

　自分を低く評価している人は，自分自身に敬意を払うこともなければ，自分の行動を価値のあるものだと考えることもない。

　一方，自分を**高く**評価している人には，次のような特徴が見られます。

▶ 今のありのままの自分を**尊重している**。

▶ **自信があり**，新しいことを進んでやろうとする。

▶ 自分の行動を**価値のあるものだと考えている**。

▶ 自分の**強みを認め**，特性を受け入れている。

▶ 自分がやり遂げたことに**誇りをもっている**。

▶ 幸せになって，よい結果を出すことに，**価値を感じている**。

▶ **難題に立ち向かう心の準備が整っている**。

 自分を高く評価している人は，そうでない人よりも前向きで，自分自身を価値のあるものだと考えている。

自尊感情はどのように形成される？

　わたしたちは最初から自分を高く評価していたり，低く評価したりしているわけではありません。自尊感情は長い時間をかけて形成され，その間に生じたさまざまな重要な事柄によって決定づけられます。以下は，その決定要因の例です。

　家族や先生や友だちとの**重要な人間関係**，その人たちに何を言われ，どう扱われてきたか

▶ いつも批判されたり，間違えたことを叱られたりしているとしたら，満たされた気分になったことは一度もないかもしれない。

▶ 友だちがたくさんいるなら，大切にされていると感じているかもしれない。

　自分や他者による**期待と基準**，やり遂げたことと失敗したこと

▶ いつも自己批判をしていて，自分の行動に満足することがなければ，自分を尊重する気持ちにはなれないかもしれない。

▶ 自分の努力とやり遂げたことを認めているなら，誇らしく感じているかもしれない。

　成長過程での**重要な出来事や体験**

▶ いじめに遭ったり，重い病気にかかったりしたことがあると，自分には価値がない，自分は無力だと感じているかもしれない。

▶ 勉強やスポーツでよい結果を出しているなら，自信に満ちているかもしれない。

自尊感情は変えられる？

　はい，変えられます。あなたもたぶん，自尊感情を改善できた人を数多く思い浮かべられるのではないでしょうか？　それは，家族の誰かかもしれませんし，友だちやアスリート，音楽家，有名人かもしれません。かつては自分を低く評価していたけれども，それを変えて自信をつけていき，自分の価値を認められるようになり，自分を尊重できるようになった例は，たくさんあります。

 自尊感情を高めるには，**自分の強みを見つけ**，**肯定的な**ことがおきたら，それを**ほめて**，ありのままの**自分を尊重する**必要がある。

 ## 強みを見つける

　自尊感情が低い人は，きわめて自己批判的で，自分の欠点やうまくいっていない事柄によく注目します。自分を批判し，自分を責め立て，最後には自分のことを役立たずのろくでなしだと感じるようになります。
　自分の強みを見つける努力をしましょう。難しいかもしれませんが，**よい結果を出したり，うまく対応したり，真っ向から難題に取り組んだり**できるときがあるはずです。

 自分の強みを見つけるには，**うまくいっていることや楽しんでやっていること**，これまで体験した難題で**うまく対処してきたこと**を探そう。**さまざまな領域**での強みやスキルを見つけるようにしよう。

　▶ **時間があるとき，何をしますか？**　何が得意ですか？　楽しんでやっていることは？　音楽？　それとも，ゲーム，演技，美術，動物の世話？

　▶ **体を動かす活動では，何が好きですか？**　散歩？　それとも，ダンス，体操，サッカー，サイクリング，水泳？

　▶ **学校では何を勉強していますか？　職場では，どんな仕事をしていますか？**　上司はあなたについてどうコメントすると思いますか？　がんばっていますか？　締め切りまでに課題を仕上げ，議論に貢献していますか？

▶ **これまでにどんなことをやり遂げましたか？** 何か特別なことをしたことはありますか？ コンテストでよい結果を出せたとか，特筆に値するようなことでほめられた，何か特別なことに選ばれたといったことは？

▶ **あなたのどんなところが人に好かれていると思いますか？** どうしてみんなはあなたと一緒にいたいと思うのでしょう？ あなたは親切ですか？ それとも，世話好き，おもしろい，意志が強い，アイディアに富んでいる，いろいろ準備をするのが得意？

▶ **人間関係はどうですか？** 友だちや家族はあなたについてどうコメントすると思いますか？ 人の話をよくきいてあげますか？ 友だちに対して誠実ですか？ 進んで助けの手を差し伸べますか？

 何もかも得意だという人はいませんから，全領域で強みを見つけようとするのは無理かもしれません。もし強みが一つも見つからないと思ったら，友だちや先生や親に訊ねましょう。

>>> **強みを活用する**

　強みが見つかったら，次は，それらをどう活用して，将来の問題や難題の対処に役立てるかを考えます。

今あるスキルは，どのようにして身につけましたか？

▶ たぶん最初から上手にできたわけではないでしょう。どのようにして上手にできるようになったのですか？

▶ 練習したのですか？ 絶対にうまくなってやると，心を決めていましたか？ 誰かに手伝ってもらいましたか？

▶ こうした考え方を，今ある難題の対処に役立てられますか？

体を動かす活動をすると，どんな気分になりますか？

▶ 体を動かす活動をすると，それまでより気分はよくなりますか？

▶ そうした活動は，達成感や誇りをもたらしてくれますか？

▶ 落ちこんだりストレスを感じたりしたとき，何か体を使うことをして，気分をよくすることは可能ですか？

難題にはどう対処しますか？

▶ 学校や職場でしていることで，ほかの問題に役立ちそうなことはありますか？

▶ 何をすべきか，調べますか？　ほかの人と一緒に取り組みますか？　計画を立てますか？

▶ こうした考え方は，生活上のほかの難題との取り組みに役立ちますか？

どのような管理の仕方で，いろいろなことをやり遂げましたか？

▶ どのように管理して，がんばりとおしましたか？

▶ どのようにして意欲をかき立て，どのようにしてこれをやり遂げる確信を得ましたか？

▶ この学びを，ほかの難題との取り組みに活かせますか？

どのようにしたら自分の資質を活用できますか？

▶ 自分の強みを自分の問題に役立てられますか？

▶ あなたは意志が強いタイプですか？　創造的ですか？　几帳面ですか？

▶ こうしたスキルは，問題の克服に役立ちますか？

人間関係はどう役立てられますか？

▶ 自分が信頼できる人，評価できる人で，助けになってくれそうな人はいますか？

▶ 自分の有用な社交スキルについて，その人たちだったら，どうコメントすると思いますか？

▶ 自分の社交スキルや友だち関係は，難題との取り組みに役立ちますか？

自分がどのようにして**スキルを身につけたか**，どのようにしたらうまくいっていない生活面に**それらを活用できるか**について，考えよう。

>>> よいところを見つけてほめる

　強みが見つかったら，**肯定的な**出来事に焦点を絞り，自分の行動を**ほめる**ことが必要です。そうすることで，気分がよくなり，自信が高まり，自分自身について，これまでより偏りのない見方ができるようになります。

以下を探しましょう。

- ▶ **よい出来事**
- ▶ **楽しんでいる**こと
- ▶ **うまく対処できた**ケース
- ▶ どんなささいなことであれ，**やり遂げたこと**

これをうまくやるには，**よいこと日記**が役に立つ。毎日，最低１個は，よい出来事を見つけよう。そのリストが長くなっていくのを眺めると，肯定的な出来事は必ずおきることを思い出せるだろう。

⟫⟫⟫ 日記をつけ終わったら，次は，以下を探してみましょう。

- ▶ **よい気分にさせてくれるもの**——面白い映画を観る，音楽をきく，熱い風呂に長く浸かる
- ▶ **かつて自分が楽しんでいたこと**——友だちとのおしゃべり，散歩，ケーキ作り
- ▶ **かつてうまく対処したこと**——議論への参加，初めての場所へのお出かけ，あまりよく知らない人との対話
- ▶ **やり遂げたこと**——宿題をやり終えた，かんしゃくを抑えた，家の手伝いをした

落ちこんだり，失望したりしたときは，よいこと日記を読み返そう。そうすることで，ものごとのバランスを保てるようになり，今はきつくても，**よいことは必ずおきるし，自分はきっとうまく対処できる**と気づけるようになるだろう。

⟫⟫⟫ 自分に気を配る

　自尊感情が低いと，自分を大切にしていない可能性があります。自分のことがどうでもよくなり，ケアもなおざりになっているかもしれません。**食生活**が乱れている，**睡眠**に問題がある，**ゲーム**をし過ぎている，**運動**不足で不健康な状態に陥っている，というような状況も考えられます。自分自身のケアをしっかりすることで，気分がよくなりはじめることもあります。

食生活

　バランスの取れた食事を三度三度取ることは，**心身の健康にとてもよい**ことです。健全な食生活は体重のコントロールを可能にし，肥満と関係の深い病気——糖尿病，心臓疾患，高血圧など——の予防に役立ちます。

健全な食生活を送る方法は数多くある。アドバイスが多すぎて，閉口することもあるだろう。シンプルに進めたいと思うなら，**以下の五つ**をやってみよう。

▶ **朝食をしっかり食べる**。集中力が高まり，体重のコントロールにも役立つ。

▶ **三度の食事をきちんと取る**。食事を抜くと，不健康な間食を繰り返すことになり，それが体重増加につながるかもしれない。

▶ **毎日，新鮮な果物か野菜をできるだけたくさん食べる**。

▶ **甘い食べ物や飲み物をひかえめにする**。甘いものは体重増加につながり，健康問題を増やしかねない。

▶ **水をたくさん飲む**。1日に少なくとも1.5～2リットルの水を飲み，脱水状態にならないようにする。

睡眠

　夜よく眠ることは，良好な健康状態を保つために重要です。体と脳が成長中の若者には，大人より睡眠が多く必要なため，これは特に重要です。
　睡眠には，一般的な問題が二つあります。睡眠不足と，なかなか寝つけないということです。

睡眠はどのくらい必要？

　どのくらいの睡眠が必要かは人それぞれですが，普通は，**毎晩7～9時間ほど必要**です。夜よく眠れないと，朝おきたときに疲れが取れていないと感じるものです。それがつづくと，以下のようなことがおこるかもしれません。

61

▶ いつも疲れている。

▶ 日中にこっくりする。

▶ 集中力に問題が生じる。

▶ 過食になるかもしれない。

▶ カフェイン，甘いもの，栄養ドリンクを大量に摂取する。

▶ イライラして，腹が立つ。

▶ 悲しくなり，不満が募るかもしれない。

　朝スッキリした気分で起床でき，集中力に問題がなく，日中にこっくりしたり昼寝をしたりすることがないなら，たぶん充分な睡眠が取れています。逆に，朝おきたときに疲れが残っていたり，ベッドからなかなか出られないと感じたり，集中できなかったり，日中に居眠りや昼寝をしたりするなら，おそらく睡眠が足りていません。

 睡眠日記をつけると，自分がどのくらい睡眠を取っているのかをチェックすることができる。睡眠日記には，ベッドに入った時刻，寝つくまでの時間，夜中に目が醒めた回数，朝目が醒めた時刻，ベッドから出た時刻を記入しよう。

 ### 睡眠不足

　充分な睡眠が取れていない場合は，**体内時計を変えてみましょう**。わたしたちは体内時計によって，特定の時刻に目が醒めたり，眠ったりするようにプログラムされています。週末にも，週日と同じ時刻に目が醒めたりしませんか？　そうなるのは，体内時計に目醒めの時刻が設定されていて，この機能は曜日に関係なく働くからです。

　充分に眠れていないなら，以下のようにしましょう。

▶ **睡眠日記**をつけて，自分がいつも何時に就寝するかを調べる。

▶ 次に，就寝時間を前倒しにして，**30分早く**ベッドに入る。

▶ 朝は必ず，**いつもどおりの時刻におきて**，日中，**昼寝をしない**。

▶ 数日して，まだ疲れが残っている気がするなら，就寝時刻を**さらに30分早め**，充分に眠れた状態になるまで，これをつづける。

30分早くベッドに入ることで，**体内時計をリセットする**ことができる。数日して，まだ疲れが残っている気がするなら，就寝時刻をさらに30分早め，充分に眠れた状態になるまで，これをつづけよう。

>>> うまく寝つけない

　寝つけないというのもイライラするものです。なんとか眠ろうとすればするほど，目が冴えてくることに気づいているかもしれません。よく眠れるようにする最も有用な方法は，**夜の習慣を就寝に適したものにする**ことです。

- ▶ **寝室を，就寝に適した静かで落ち着いた場所にする**。部屋は必ず，暑くもなく寒くもない適温にして，できるだけ静かで快適な状態にする。

- ▶ 横になる前に，**身体も気持ちも落ち着く時間を取り**，リラックスできるようにする。乳飲料を飲む，入浴するかシャワーを浴びる，テレビを観る，本を読む，音楽をきくなど。

- ▶ **目が冴えて眠れなくなるような活動は避ける**。身体を動かすハードなトレーニングやゲームなど，刺激の多そうなものも避ける。

- ▶ パソコンの画面やタブレット，スマートフォンなど，**光を発する機器**は，少なくとも寝る1時間前にはスイッチを切る。こうした機器のブルーライトは，メラトニン（体から自然に分泌される睡眠誘導ホルモン）のレベルに影響を与える。

- ▶ 夜は，**カフェイン入りの飲み物を避ける**。コーヒーや紅茶，炭酸飲料などには，眠りを妨げるカフェインが含まれている。

- ▶ **寝る前に，食べすぎたり，飲みすぎたりしない**。気分が悪くなって，寝つけなくなるかもしれない。

- ▶ **就寝時刻を決めておき**，毎晩その時刻にベッドに入る。

- ▶ **睡眠日記をつけ**，自分の状態をチェックする。ベッドに入った時刻，寝入るまでにかかった時間，夜中に何回おきたか，朝目醒めた時刻，おき上がった時刻を記録する。

- ▶ **アルコール類**，タバコ，快楽を得るためのドラッグなど，不眠や安眠妨害を引きおこすものは**摂取しない**。

- ▶ 日中**身体を動かし**，就寝時には疲労を感じて，すぐに眠れるようにする。

横になって20分経っても寝つけなかったら，ベッドから出ましょう。眠りに就く練習をしているのであって，ベッドのなかで眠らないでいる練習をしているわけではありません。本を読む，音楽をきく，パズルを解くなど，身体と気持ちが落ち着くことをしばらくしてからベッドに戻り，また眠る練習をしましょう。

就寝時の習慣が定まってくると，身体も気持ちが次第にくつろいで，寝る準備が整いやすくなる。神経を刺激するようなスクリーンなどは避けよう。

飲酒（20歳未満は，法律で禁止されています）

わたしたちはしばしば，アルコールを利用して気分転換を図ります。飲むと，気持ちが落ち着いたり，楽しさが増したり，心配が軽くなったりする気がするのかもしれません。けれども，アルコールには別の働きもあり，不快な感情を強めることもあるため，余計に落ちこんだり，やたらに攻撃的になったりすることもあります。

飲酒をするときには，以下のことに注意しましょう。

▶ **適度に楽しむ**。安全な飲酒ガイドは，週14ユニット（350mℓの缶ビール8缶，グラスワイン6杯分，日本酒カップ酒5杯程度）以上は飲まないことを奨めている。

▶ **毎日は飲まない**。週に3〜4日は，飲まない日にする。

▶ **がぶ飲みパーティをしない**。そのような場では，必ず，自分の面倒を見て安全を守ってくれる人に，そばにいてもらう。

アルコールの力を借りて感情に対処しようとしても，役には立ちません。効果はつづかず，アルコールが抜けると，気分はさらに悪くなります。感情を管理するなら，ほかの方法を見つけるようにしましょう。

運動

　定期的な運動は，心臓病や高血圧，糖尿病などの深刻な健康問題の予防と，不安や抑うつ状態といったメンタルヘルスの問題発生リスクの軽減に役立ちます。運動をすれば，ストレス感を和らげて，健全な体重を維持できるようにもなります。運動中に脳が分泌する化学物質によって，気分もよくなります。

 心拍数と呼吸数が増えるくらいの**適度な運動**を，毎日30分ほど，**週に5回**やってみよう。自分が楽しめて，日課に組み入れられるものを見つけよう。

自分が楽しめる運動を見つける

▶ トレーニング，ランニング，ジョギング，水泳，体操，サイクリングなど。

▶ サッカー，ネットボール〔7人制のバスケットボールに似た球技〕，バスケットボール，ラグビー，ホッケー，クリケットなどの球技。

▶ 犬の散歩，ダンスのステップの練習，部屋の模様替え，スキップ，洗車などの日常的活動。

▶ ダンスやエクササイズのDVDを入手して，家で実践する。

活動を日課に組み入れる

▶ ひとつ手前の停留所でバスを降りて歩く。

▶ エスカレータに乗らないで，階段を上がる。

▶ 車ではなく，自転車か徒歩で買い物に行く。

毎日30分のエクササイズを週5回行なう

▶ 30分が長すぎると感じるなら，1日10分からはじめて，毎週増やしていく。

▶ 一度に30分行なうのが無理なら，1回15分のエクササイズを，日に2回行なう。

▶ 何をする気にもなれなくても，もっと達成しやすい目標を設定し，どんな活動でも何もしないよりはましだということを忘れないようにする。

まとめ

　自分を高く評価している人は，自分自身や自分の行動，自分がやり遂げたことを大切にし，尊重します。

　自尊感情は，自分の強みに気づき，それを活用することで改善することができます。肯定的な出来事を見つけて，自分に気を配りましょう。

　自分のケアをしっかりすれば，気分はよくなり，問題や難題にもっとうまく対処できるようになります。

自分の強みを見つける

わたしたちはときに，自分の強みやスキルを忘れたり見落としたりして，自分にはうまくできないことにばかり注目することがあります。自分が得意にしていることを思い出せば，それに助けられて，次のようなことができるようになります。

▶ 自分自身について肯定的な気持ちをもつ。

▶ もっと自信をもつ。

▶ 難題に立ち向かい，どんな問題にも取り組む。

自分の強みを見つけて，以下の囲み内に書き入れましょう。

自分がしていること（音楽，美術，演技，ゲーム，動物の世話など）

自分の好きな活動（散歩，ジョギング，ダンス，フィットネス，水泳など）

学校での行動（好きな授業，得意なことなど）

やり遂げたこと（新しいことを習得した，特別なことを行なったなど）

わたしのよいところ（親切，がんばる，賢い，人の話をよく聴く，おもしろいなど）

人間関係──友だち／家族との関係（人気がある，信頼されている，優しくしている，人の力になっているなど）

よいこと日記

　わたしたちは否定的な出来事にはよく気がつくのに，よいことは，つい見落としたり，ゴミ扱いしたりします。人生でおきることについて，もっとバランスの取れた考え方ができるようになるために，毎日，その日にあったよいことを，少なくとも一つは書いておくようにしましょう。たとえば，以下のようなことを書いておきます。

▶ 楽しんだこと

▶ うまく対処したこと

▶ やり遂げたこと

▶ よい気分になれたこと

月　日	出来事

書きこみが増えていくのを見ることで，
よいことは確実におきていることがわかるようになるでしょう。

有名人の自尊感情

　自尊感情とは，自分自身や自分の行動に関する自分の考え方のことです。自分を高く評価している人には，以下のような特徴があります。

▶　自分自身を尊重し，大切にする。

▶　自信をもっている。

▶　自分の強みを認めていて，自分がやり遂げたことに誇りをもっている。

　映画スターやスポーツ選手，音楽家などの有名人には，自らを高く評価している人がいます。そうした人のなかで，あなたが尊敬できると思う人をひとり選んで，その人のことを考えてみましょう。また，有名人のなかには，自らを低く評価している人もいます。そうした人を誰かひとり選んで，その人についても考えてみましょう。そのふたりは，どう振る舞い，どのような行動を取っていますか？

自尊感情の高い有名人：

振る舞い方と行動の内容：

自尊感情の低い有名人：

振る舞い方と行動の内容：

あなた自身の自尊感情はどのくらいですか？

| 1 | 10 | 20 | 30 | 40 | 50 | 60 | 70 | 80 | 90 | 100 |

きわめて低い　　　　　　　　　　　　　　　　　　　　　　　きわめて高い

睡眠日記

　もし自分はよく眠れていないと思うなら，この日記をつけて，何かパターンがあるかどうか，見てみましょう。

	例	月曜日	火曜日	水曜日	木曜日	金曜日	土曜日	日曜日
ベッドに入る前の1時間にしたこと	Xbox（エックスボックス）でゲームをした							
ベッドに入った時刻	11:15							
寝ついた時刻	01:20							
夜中に目が醒めた回数	0							
目が醒めた時刻	09:30							
ベッドから出た時刻	11:00							
よく眠れたかどうか 1　2　3　4　5 よく　　　　とても 眠れ　　　　よく なかった　　眠れた	4							

夜の習慣は，必ず心身が落ち着くようなものにし，

毎日，ほぼ同時刻に起床し，ほぼ同時刻に就寝するようにしましょう。

運動日記

　以下の日記をつけて，毎週どれくらい運動をしているかを調べましょう。適度に運動をすると，次のようになります。

▶　心拍数が上がる。

▶　呼吸数が増す。

▶　体がぽかぽかする。

	例	月曜日	火曜日	水曜日	木曜日	金曜日	土曜日	日曜日
運動の内容とその時間	犬の散歩を10分 学校で体育の授業を30分 DVDを使ったダンスを15分							
適度な運動にかけた時間の総計	55分							

適度な運動を毎日30分，

週に5日間，がんばりましょう。

◀第5章▶ 自分に優しくする

　わたしたちは必ずしも自分を大切にするのが得意ではありません。**たびたび，自分に対してひどく批判的になります**。自分を責め立てたり，自分の行動を批判したり，うまくできなかったことについて自分を非難したり，完璧でないと恥ずかしいと思ったりします。

　わたしたちは幼いころから，よい結果を出し，がんばり，人に勝ち，自分と他者とを比べるよう，はげまされて育ちます。それが意欲につながることもありますが，次のような場合には問題になります。

▶　自分の行動ややり遂げた結果に**けっして満足しない**。

▶　うまくいかなかったことはすべて自分のせいだと**自分自身を非難する**。

▶　**自分の不完全なところや失敗にとらわれる**。

▶　けっして**自分の強みを認めず，自分の成功をほめない**。

　わたしたちは**自分に厳しい心のなかの声**を生み出します。自分に思いやりのない態度を取ります。ずっと自分を批判しつづけ，そのせいで，ますますイヤな気分になります。

　こんなふうに自分の心を引き裂くのはやめて，次の事実も**認めなくてはなりません**。

▶　ものごとは**うまくいかないものである**。

▶　わたしたちは**完璧ではない**。

▶　誰しも**間違う**。

▶　**ひどい仕打ちをされることもある**。

わたしたちは自分に対して**もっと優しく**ならなくてはいけない。やたらに批判的になるのをやめて，ありままの自分を気持ちよく受け入れ，自分の強みを認めて，やり遂げたことをほめるようにならなくてはいけない。

自分に優しくする8つの方法

　自分に優しくすることには，たぶん，違和感があるでしょう。心のなかの声をききつけているため，これまでの姿勢を変えるのには，時間がかかるかもしれません。これから，あなたの役に立つ習慣を8つ紹介します。これらを練習すれば，自分に対して，これまでより優しくできるようになります。

>>> 友だちにしてあげるように，自分にもする

　わたしたちはよく，自分の欠点をすばやく見つけて，自分を批判します。**自分に厳しい心のなかの声**は，自分のことを，「**役立たず**」だ，「**ダメ人間**」だ，「**弱虫**」だなどといったり，「**ばか**」，「**まぬけ**」，「**負け犬**」などと呼んだりします。自分を責め立てつづけ，結局，ストレスや怒りを増大させたり，さらに落ちこんだりします。

　わたしたちは普通，ほかの誰かに対するより自分に対して，はるかにつらく当たります。もし友だちが自らのことをきつく批判しているのをきいたら，あなたはその友だちにどう声をかけますか？

▶ もし友だちがなんらかの服を着て，「このジーンズだと，わたし，太って見える」といったとしても，あなたはたぶん，「そうね，ほんとに太って見えるし，うしろから見たら，やたらデカいわよ」とは言わないだろう。

▶ もし友だちがテストで落第ぎりぎりの点数を取って，「こんなの，絶対にできっこないよ。おれって，ばかだから」といったとしても，あなたはたぶん，「ほんと，底抜けのばかだし，いつも間違ってばっかりだよな」とはいわないだろう。

▶ もし友だちが彼氏に振られて，「わたしって，ほんとダメ。もう出会いなんて，絶対にないわ」といったとしても，あなたはたぶん，「ほんと，あなたって，何をやってもダメね。きっと，もう誰もあなたをデートに誘おうなんて思わないわよ」とはいわないだろう。

あなたはたぶん，上の例のような言葉をかける代わりに，次のようにすることでしょう。

▶ 相手のことを**心配する**。

▶ 相手を**慰め**ようとする。

▶ 相手に**優しい**言葉をかける。

▶ 相手を**元気づけ**ようとする。

自分に厳しい心のなかの声に気づいたら，**自分自身について考えていることやいっていることを書き出しましょう**。妙な感じがしたり，ばつが悪いと思ったりするかもしれませんが，自分に厳しい心のなかの声がいっていることを，そっくりそのまま書き出すのです。そして，次のようにします。

▶ 少し**時間をおいてから**，自分が書いたものを読み直す。

▶ もし友だちが自分と同じことを考え，自分と同じことを口にするのをきいたら，**自分ならその友だちにどう声をかけるだろうか**，と自問する。

▶ さあ，友だちにしてあげるように，自分にもしよう。**これまでより優しくて批判の少ないメッセージを**，自分に宛てて書こう。

自分に厳しい心のなかの声に耳を傾けるのではなく，**自分に対してもっと優しくする**ようにしよう。自分なら友だちにどのようにしてあげるかを考え，それと同じことを自分自身にもしよう。

▶▶▶ 落ちこんでいるときに自分を責めない

ストレスを感じていたり，腹を立てていたり，落ちこんだりしているとき，そういう気分になっている自分を非難して，さらに状況を悪化させてはいけません。風邪を引いたからって，自分を責めたりはしないでしょう？体をいたわって，気分がよくなるようなことをするでしょう？

いやな1日を過ごして，最悪な気分のときも，おきた出来事や自分の気分について，自分自身を罰したり責めたりしてはいけません。**自分をいたわり**，気分がよくなるようなことを何かしてください。たとえば，こんなことしてはどうでしょう？

▶ キャンドルを点してお風呂に長くつかり，リラックスした気分を楽しむ。

▶ ネイルのケアをし，髪の毛を整える。

▶ お気に入りの連続ドラマやビデオを1話観る。

▶ 散歩に行く。

▶ ケーキをひと切れか，ビスケットをひと口食べる。

▶ ココアを作って，1杯飲む。

 自分を責め立てるのをやめよう。そんな気分になっていい理由はない。自分をいたわり，**気分がよくなるようなことをしよう。**

間違いを許す

　自分に厳しい心のなかの声は，自分の行動における過失を見つけるのがとても得意です。過失に注目し，しくじったことで自分自身を非難するのではなく，**もっと自分を許す**ようにしましょう。以下のことをよく憶えておいてください。

▶ **誰しも間違う。**間違いは誰にもあることだから，何かを間違っても，自分を責めるのはやめよう。間違いがおきることを想定し，間違いから学び，次回はやり方をどう変えて何をするか，計画を立てよう。

▶ **誰にも調子のよくない日はある。**よい日もあれば，それほどでもない日もある。それが現実だ。明日またがんばって，どうなるかを見よう。

▶ **焦らない。**ものごとをうまくやるには，しばしば時間がかかる。いきなり自転車に乗れるようにはならなかったはずだ。本を読めるようになるのにも，楽器を演奏できるようになるのにも，何かのスポーツができるようになるのにも，時間がかかったはずだ。焦ってはいけない。まだできていないことについて，自分を批判するのではなく，やり遂げた成果をほめよう。

 間違う許可を自分に与えよう。出来事から学び，次に違う方法で何をするかを判断しよう。

やり遂げたことをほめる

　何をするにせよ，よい結果を出したいと思わない人はいません。けれども，やり遂げた結果に満足できないことは，よくあります。基準を高くしすぎて，結局，いつも失敗に終わるのです。わざわざ失敗しそうな状況に自分を追いこむのではなく，**自分がやり遂げたことをほめましょう。**

人と比べるのをやめる。

　わたしたちは，すばらしい結果を出している人を見つけて，その人と自分を比べがちです。そのようなときは，当然ながら，自分は力不足だと感じます。ほかの誰よりも優れている必要はありません。自分を人と比較するのはやめましょう。

常に「一番」ではいられない。

　ほかの人が何事かで自分より優れていることは多々あります。演技や音楽やスポーツで名の知れた有名人にも，うまくできなくて苦労していることはたくさんあるでしょう。自分の強みに注目して，手がけたことはなんでも一番になりたいと思うのはやめましょう。

「べき思考」を避ける。

　「～すべき」や「～しなくてはならない」という言葉は，失敗しそうな状況に自分を追いこむことになります。何かを「すべき」だとか，何かを「しなくてはならない」というとき，実は，自分がすでにしたことを，「正しくない，充分ではない」といっているのです。それまでにやり遂げたことを，しっかり認めて尊重しましょう。

成功をほめるのではく，努力をほめる。

　結果に注目すると，まだやり遂げていないことに気づかされることがあります。あなたはたぶん最善を尽くそうとしたのだから，結果ではなく，その努力に注目しましょう。

自分がやり遂げたことを，毎日，一つか二つ書き留めよう。それはやがて長いリストになる。それを見れば，自分がやり遂げてきたことに気づき，それをほめようと思うだろう。

ありのままの自分を受け入れる

　わたしたちは長い時間をかけて，自分の不完全さについて考え，どうやったら変われるだろうかと思案します。自分自身に満足していないことが多く，もっと背が高くなりたい，もっとスリムになりたい，もっと頭がよくなりたい，もっと魅力的になりたい，もっとスポーツが得意になりたいなどと思っているかもしれません。

　違う自分になれたらと思うのをやめて，ありのままの**自分を受け入れて大切にしましょう**。

　以下に注目してください。

▶ **あなたの特性**──あなたは辛抱強い？　一度決めたらフラフラしない？　がんばり屋？　親切？　頼りになる？　傷つきやすい？　正直？　物分かりがいい？　ものごとを最後まで見届ける？

▶ **あなたの交友**──あなたは人の話をよくきく？　協力的？　寛容？　気遣いができる？　信用できる？　察しがいい？　人の力になろうとする？　よく笑う？

▶ **あなたの外見**──体は均整が取れている？　美しい体形？　目や髪，肌，手，爪，口や歯はどう？　よい声？

▶ **あなたのスキル**──スポーツは得意？　音楽，学校の勉強，絵画，演劇，ゲーム，料理，歌唱，創造性，栽培，メイク，動物の世話はどう？

変えたいと思うことに焦点を絞るのをやめて，**ありのままの自分を受け入れよう**。自分は特別であり，自分と同じ人間はどこにもいないことを自覚しよう。

自分に優しい言葉をかける

　自分に厳しい心のなかの声は，非常に手厳しく，不親切です。恥ずかしくて口には出せないようなことを，頭のなかで語りかけてきます。以下のことを容認する**もっと優しい心のなかの声**を育てるようにしましょう。

▶ **今この瞬間の気持ち**

▶ そういう気持ちになるのは自分だけではないこと

▶ **自分に優しくする**必要があること

自分に役立つ「優しい」言葉を，手短に一つか二つ，考えてみましょう。

▶ 「うう，きつい。でも，みんなも，いろいろうまくいかないって思っている。自分のこと，ちゃんとケアしないといけないな」

▶ 「ほんと，まいっちゃう。でも，わたしと同じように感じてる人，いっぱいいるわ。今の自分を受け入れよう」

▶ 「ああもう，腹が立つ。でも，誰だって頭に来ること，あるもんな。なんとかするように，がんばってみよう」

 1日の始まりと終わりに，**これまでより優しい心のなかの声を繰り返そう**。鏡の前に立ち，優しい声ではっきり，それをいおう。

人のよいところを見つける

不安や怒りを感じていたり，気持ちがへこんでいたりするときは，しばしば以下のように感じています。

▶ みんなが**わたしのあら探しをしている**。

▶ まるで，誰もかれもが**ぼくをやっつけようとしている**みたいだ。

▶ こんなことは**わたしにしかおきない**。

▶ みんな，**意地悪か，不親切**だ。

周りの人たちは不親切に違いないと思っているあなたは，そう思っているせいで，たぶんその証拠を探そうとするでしょう。そして，探せば探すほど，たぶん証拠はたくさん見つかります。

誰かが気遣いや思いやりを示している場面を探すことで，これを変えていきましょう。**人にはきっとよいところがあると想定して，優しさを楽しむのです**。誰かが以下のようなことをしているところを探しましょう。

▶ わざわざ時間を割いて，人と話をしたり，人の話をきいたりしている。

▶ 相手が嬉しくなるようなことをいっている。それは，「きみのトレーナー，いいね」とか「その髪型，すてき」というような，ちょっとした言葉かもしれない。

▶ 相手を気遣い，大丈夫か訊ねたり，相手をハグしたり，相手に飲み物を用意したりしている。

▶ 食卓の用意や調理，食器洗いなどの家事を手伝っている。

▶ 自分の好きな音楽を人にきかせたり，手元のチョコレートを分けたりしている。

▶ 思いやりのあるeメールやメッセージを送っている。

▶ 友だちやバスの運転手，先生，親に，「ありがとう」といっている。

▶ 誰かを大笑いさせたり，笑顔にさせたりしている。

1日に一つ，**誰かが親切にしているところ**を見つけるようにしよう。人は，自分が思っていたより優しいことに気づくかもしれない。

 ### 人に優しくする

　人に優しくしてもらうとどんなに気分がよいか，あなたはわかっていますよね。だったら，ちょっとだけ余計に努力をして，**誰かほかの人に優しくする**というのは，どうでしょう？　誰かの何かを一つほめる，誰かににっこり微笑みかける，手伝いを申し出る，時間を取って相手の話に耳を傾けるといったことをしてみませんか？

1日の終わりに，その日自分がした親切があれば，すべて書き出そう。そして，**誰かに優しくするために**，明日自分には何ができるかを考えよう。

　わたしたちの心のなかの声は手厳しく，批判的で，とても不親切なことがあります。自分を責め立てるのはやめて，以下のことを受け入れなくてはなりません。

▶ ものごとは簡単にはうまくいかない。

▶ わたしたちは完璧ではない。

▶ 人は間違うものである。

▶ ひどい仕打ちをされることもある。

　自分のことを悪くいってはいけません。自分自身に優しくすることを学び，他者にも優しくして，ありのままの自分を受け入れましょう。

友だちにしてあげるように，自分にもする

　わたしたちはしばしば自分自身に対して，ひどく不親切で批判的になります。友だちに接するのとは非常に異なる接し方をします。自分の「心のなかの声の批判」に気づいたら，自分が今考えていることや，自分のことをどう呼んでいるかを，そっくりそのまま書き出しましょう。そして，しばらく時間をおき，自分の書いたものを見てください。

▶ もし友だちがそれと同じようなことを考えたりいったりするのをきいたら，その友だちにどう声をかけるか，自問しよう。

▶ そして，自分に対しても，友だちにしたのと同じようにし，自分自身への優しいメッセージを以下に書こう。

今自分は何を考えていて，自分のことをどう呼んでいる？

友だちが同じことをいっているのをきいたら，その友だちにどう声をかける？

では，自分にはどういってあげようか？

自分を大切にする

　落ちこんでいるとき，そういう気分になっていることについて，自分を責めたり非難したりしてはいけません。自分を大切にしましょう。

　どんなことをしたら，気分がスッキリしますか？　気分をスッキリさせてくれる楽しいことを書き出しましょう。

▶ ゆっくりお風呂に浸かる，髪を洗い，メイクをする，マニキュアをする

▶ DVD を観る，散歩に出る，公園で腰を下ろす

▶ トーストやケーキ，ビスケットを食べる，ココアを飲む

気分をスッキリさせてくれる楽しいこと

落ちこんでいるときや，つらい一日を過ごしたときは，自分を大切にしましょう。
何か楽しいことをして，気分をスッキリさせましょう。

今までより優しい心のなかの声

　自分に厳しい心のなかの声は容赦がなくて不親切なので，批判を減らして，もっと優しく自分に語りかける練習が必要です。以下のことを容認する手短な心のなかの声を考えましょう。

▶　今この瞬間の気持ち

▶　そういう気持ちになるのは自分だけではないこと

▶　自分に優しくする必要があること

「うう，きつい。でも，みんなも，いろいろうまくいかないって思っている。自分のこと，ちゃんとケアしないといけないな」

```
今までより優しい心のなかの声



```

```
今までより優しい心のなかの声



```

```
今までより優しい心のなかの声



```

　1日の始まりと終わりに鏡の前に立ち，今までより優しい言葉を，はっきり声に出して自分に繰り返しましょう。優しく，自信をもって，その言葉を繰り返す練習をしましょう。

優しさを見つける

　毎日，数分の間，今日どんなことがあったかを思い返し，たとえば以下のような出来事を，少なくとも一つは見つけましょう。

▶ 誰かが自分に優しくしてくれたこと

▶ 自分が誰かに優しくしたこと

日　付	出来事

優しさ探しをすると，自分自身や自分の周囲の人たちのことを思って，
よい気分になることができます。

マインドフルになる

◀第6章▶

わたしたちは考え事に長い時間をかけています。考えは絶えず，心のなかを目まぐるしく駆けめぐっています。今まさにおきている出来事や将来おきてほしいと思っていること，自分が自分をどう見ているか，人にどう対応してほしいと思っているかなどについて，コメントしつづけます。

この手の考えをもつことは，問題ではありません。誰もがこうした思考をしています。問題は，その考えのせいで**動揺する**人がいるという点です。そういう人は長時間，**自分の思考**に耳を傾け，それらを信じ，**それらと言い合いをします**。さまざまな状況について，必要以上に深く考え，これまでにおきたことを**何度も思い返し**，これからおきることについて**心配して**ばかりいます。

> ⚠ 過去の出来事の思い返しや未来の心配に忙しすぎるせいで，わたしたちは，今ここでおきていることに注目していない。

ここで，今日あなたがしたことについて，ちょっと考えてみましょう。

 今朝どのようにして洗顔したか，**しっかり注目していましたか？** 石けんの香りや流れる水の音，顔をぬらした水の温度や感触，石けんの泡立ちの様子，歯磨きの味，歯茎に当たる歯ブラシの感触に気づいていましたか？

 朝食をどのように用意して食べたか，**しっかり注目していましたか？** パンをどのようにしてトースターに入れたのか，トーストが焼けるときの香り，トーストを噛んだときのカリッという音，手にもったトーストの感触，トーストのさまざまな焼き色，トーストの味に気づいていましたか？

 学校や職場に向かったときの様子に，**しっかり注目していましたか？** 道を歩いているときに漂ってきた香りや車の音，鳥の鳴き声，人びとの話し声，一歩一歩進んでいったときの足の感触，通りすぎた家々のさまざまな

85

色の玄関ドア，肩にかけているバッグの感触に気づいていましたか？

　わたしたちは毎日たくさんのことをしていますが，しばしば，上の空でそれらをしています。これまでにおきたことの思い返しや，これからおきることの心配に忙しくて，まさに今ここでおきていることを楽しんでいません。

> わたしたちの不幸やストレスや怒りの大半は，過去や未来に関する考えから発生する。**今ここでおきていることに注意を集中させる**ことは，気分をスッキリさせるのに役立つ可能性がある。

マインドフルネス

　これは，**今ここ**で自分がしていることに注意を払う方法です。自分が今ここで体験している光景，におい，音，味に注目するということであり，自分の思考や感情を，心を開いて好奇心をもち，なんの判断を加えないで観察するということです。

　マインドフルネスの重要なステップは，FOCUS（フォーカス）という単語の各アルファベットを利用して憶えておくことができます。

▶ F：注意を集中させる（**F**ocus）

▶ O：今おきていることを観察する（**O**bserve）

▶ C：好奇心をもつ（**C**uriosity）

▶ U：五感を働かせる（**U**se）

▶ S：判断を差し控える（**S**uspend）

　今ここでおきていることに注意を集中すると，頭を混乱させているゴチャゴチャから自由になることもできます。

≫≫≫ 集中し，観察し，好奇心をもち，五感を働かせる

　わたしたちはしばしば考えるのに忙しくて，自分がしていることにあまり注目していません。手を洗い，食事をし，あちこち動き回りますが，上の空でそうしていることが多く，その間，過去の自分の行動を思い返したり，これからの行動予定を立てていたりします。

　マインドフルネスの最初のステップでは，**注意を集中させる**ことを学びます。

▶ これは，元気に動き回る好奇心の強い子犬を訓練するのに似ている。子犬は駆け回るのが大好きで，目に留まったものはなんでも探ろうとし，あなたの傍らにじっとしていることはない。

▶ わたしたちの注意も，それと同じである。今していることに注意を集中させなければ，心はふらふらとさまよい出し，別のことを考えはじめる。

▶ 子犬がどこかに行ってしまいそうになれば，それを呼び戻す。注意についても同じことをしなくてはならない。心がさまよい出したことに気づいたら，すぐに軌道修正をして，今ここでおきていることに心を呼び戻す。

　自分の周囲で進行中していることに焦点を絞り，今おきていることを**観察**します。

▶ **大きな望遠レンズ**付きのカメラを覗くところを想像する。

▶ カメラを覗く前は，注目したくなるようなものがたくさん目に入ってくる。

▶ カメラを覗きはじめたら，次第に注意の焦点を絞っていく。今はすべてを見ているわけではなく，もっと狭い範囲を，より詳細に見ている。

▶ 心のなかで，望遠レンズを使って焦点をさらに絞り，もっともっと細かく見ていく。

　好奇心をもち，五感を働かせて，今おきていることを調べます。

▶ それらを見るのは，これが初めてだと想像する。

▶ 五感を働かせて，自分の周りにあるそれらのにおいや音，感触，外観，味に対する意識を高める。

マインドフルになることを学んでいると，たぶん，心がさまよいはじめることに気づくでしょう。これは，まったく自然なことで，別に間違ったことをしているわけではありません。マインドフルネスは**自分の注意の訓練**で，これには少し時間を要するかもしれません。今おきていることにひたすら注目し，今ここに注意を呼び戻しましょう。

》》》 マインドフルに呼吸する

　呼吸に集中する練習は，マインドフルネスを学ぶ第一歩に打ってつけです。呼吸は，誰もがいつでもしているので，練習場所を選びませんし，何をしているのかを人に知られることもないでしょう。

　1〜2分の間，邪魔の入らない静かな時間を選び，両手を胸に置いて，楽な姿勢で座ります。目を閉じたいと思うかもしれません。閉じるかどうかはあなたの判断にお任せします。では，**注意を集中させて，自分の呼吸を観察しましょう**。

▶ 鼻からゆっくり息を吸い，口からゆっくり吐き出します。

▶ **好奇心**をもち，胸に意識を向けます。呼吸に合わせて，胸が上下することに注目しましょう。

▶ 呼吸するたびに，胸の筋肉が収縮と弛緩を繰り返すのを感じてください。

▶ 呼吸の音に耳を澄ましましょう。

▶ 鼻から吸いこむ冷たい息と，口から吐き出す温かな息を感じてください。

▶ 息を最初に吸うとき「1」，次に吐き出すとき「2」と数えます。

▶ これをつづけて「10」まで数えましょう。

▶ 心がさまよい出ていくことに気づいても，心配は要りません。呼吸に集中していないことに気づいたら，すぐに注意を呼吸に戻し，ふたたび呼吸を数えつづけます。

▶ 10まで数え終えたら，もう1度最初からはじめて，1〜2分の間，この穏やかな感覚を楽しみましょう。

何かを心配していたり，何かを何度も思い返したりしている場合は，今ここに心を呼び戻して，**マインドフルな呼吸をしてみよう。**

>>> マインドフルに食べる

　わたしたちはいつも忙しく走り回っていて，日常的にしていることの多くを，本当はよくわかっていません。以下のエクササイズをすると，食べることに注意を集中させられるようになります。

　チョコレートでも，果物でもかまいません。自分が楽しんで食べているものを選びましょう。**注意を集中させて，それを観察します。**まず，それを手にもち，じっくり見ましょう。**好奇心をもってください。**それを見るのは初めてだと想像し，**五感を働かせて**それを探ります。

▶ それがどのように**見える**かに焦点を絞り，心のなかの望遠レンズを使ってそれに注目する。どのような形？　色は？　表面にはつやがある？　それともくすんでいる？

▶ それがどのような**におい**かに焦点を絞り，心のなかの望遠レンズを使ってそれに注目する。それににおいはある？　あまいにおい？　それとも，酸っぱいにおい？

▶ それがどのような**感触**かに焦点を絞り，心のなかの望遠レンズを使ってそれに注目する。固い？　それとも，柔らかい？　もろい？　もっていると形が変わる？

▶ それを口に入れる。が，まだ食べない。口に含んだそれは大きい？　それとも小さい？　水気は多い？　それとも少ない？　今それは舌の上にある？　それとも，口内の左右どちらかにある？

▶ それを口に含んだまま，それがどのような**味**かに焦点を絞り，心のなかの望遠レンズを使ってそれに注目する。あまい？　酸っぱい？　それとも，ピリッとする？　いろいろな味が混じっている？

▶ それを食べたときに**きこえる**音に焦点を絞り，心のなかの望遠レンズを使ってそれに注目する。噛むたびに，ポリッと音がする？　それは大きな音？　それとも小さな音？　噛んでいると，音が変化する？

マインドフルな食べ方を毎日の習慣にしよう。食事をはじめたら，最初の数口をマインドフルに食べよう。食べ物の舌ざわり，味，におい，見た目，噛んだときの音に，注意を集中させよう。

>>> マインドフルに活動する

マインドフルになるためだからといって，じっと座っている必要はありません。肝心なのは，今ここに注意を集中させることです。活発に動いているときであっても，マインドフルになることはできます。

わたしたちは毎日歩きます。どこかへ到達するための手段として歩くことが多いのですが，そうして歩いているとき，たいていは，いろいろ思い返したり，心配なことについて考えこんだりしていて，今おきていることに気づいていません。**マインドフルに歩いてみましょう。**

▶ 直立して，両足にかかる体重に**注意を集中させる**。

▶ 1歩踏み出しながら，心のなかの望遠レンズを使って両足に注目する。

▶ 片方の足がまだ地面を踏んでいるとき，もう片方の足をどう上げているかに注目する。

▶ 足の裏にどんな圧力がかかっているかに注目する。足は靴や靴下をどう押さえつけているか。

▶ 足を上げたとき，それがどう軽くなるかに注目する。

▶ 靴の下の地面はどんな感触かに注目する。

▶ 足から注意を引き離し，五感を働かせて注意を集中させる。

▶ つづいて，周囲を**観察する**。目に入るものに焦点を絞る。歩きながら，何か一つ選び，それに集中して，その色や形，大きさ，パターンに注目する。

▶ **好奇心をもち，五感を働かせる。**きこえるものに焦点を絞る。風や雨の音，鳥の声，車の音に集中する。

▶ 感触に焦点を絞る。顔に感じる暑さや寒さ，肩にかかるカバンの重さ，足の裏に当たる石のゴツゴツに集中する。

▶ においに焦点を絞る。雨の湿ったにおい，花のあまい香り，調理中のにおいに集中する。

▶ もし心がさまよい出したことに気づいても，心配は要らない。注意を元に戻す。

毎日，一つの活動をマインドフルに行なうようにしよう。どのようにベッドから出ているのか，どのように冷蔵庫から飲み物を出しているのか，どのようにサンドイッチを作っているのか，着替えはどうか，携帯電話のチェックの仕方はどうかなど，自分がそのときしていることに注意を集中させよう。

>>> ## マインドフルに観察する

　わたしたちはしばしば，自分が毎日使ったり見たりしているものの多くに，あまり注意を払っていません。自分が使っているテレビのリモコンや携帯電話，ノートパソコンの絵を描いてみましょう。描き終えたら，実物をよく見て，細かな点をどれだけ見逃しているかを確認してください。

　毎日一つ何かを選び，それを1分間マインドフルに観察することに全注意を集中させましょう。選ぶのは，以下のような，**身の回りにあるもの**にしましょう。

▶ 自分のペン

▶ 自分の携帯電話

▶ カップや皿

▶ 今着ているTシャツ

▶ 今自分がいる部屋

▶ いつも通学に使っているバスや電車

▶ 自室の窓から見える木

▶ 自分が歩く公園や道路

身の回りの日用品に対して，マインドフルに注意を集中するというやり方は，手早く今ここに注目でき，役に立つ。

>>> ## 判断を差し控える

　わたしたちは非常に長い**時間をかけて，必要以上にあれこれ考えます**。すでにおきてしまったことを何度も思い返し，これからおきるかもしれないことを思って気を揉むのです。しまいには，そうした自分の考えを信じこんだり，それらに異を唱えたりもします。まるで，その考えはある種の

現実であり，わたしたちを支配する力をもっているかのようです。そうした考えと心配の乗っ取りが進むにつれて，わたしたちの心は混乱を深めていきます。

　マインドフルネスは，思考との間に別の形の関係性を形成するのに役立ちます。思考から一歩下がることができるようになり，思考は心的活動であり，感情は身体的感覚であることを理解できるようになります。思考の内容について，**判断を差し控え**られるようになり，考えが浮かんでは消えていくのをそのまま見送ることができるようにもなります。考えに異を唱えたり，考えと関わったりはしないようになるのです。

▶ 思考を止めようとする必要はない。浮かんでは消えていくのをそのまま見送ろう。

▶ 考えに異を唱える必要はない。

▶ それらは「事実」でも「真実」でもない。思考と感情である。

▶ それらは，自分が悪いことを示す「証拠」ではない。

▶ それらは，自分が間違っていることを示す「証拠」ではない。

▶ それらは，浮かんでは消えていく考えと感情であり，空を流れる雲や海辺に寄せては砕ける波のようなものである。

▶ 一つが消えると，別のものが生まれてくる。

▶ 好奇心をもちつづけ，判断を差し控えよう。思考や感情は，あくまで思考や感情であることに気づこう。それらは思考と感情であって，自分を支配するものではない。

▶ 思考と感情から一歩下がり，それらを観察しよう。

 思考や感情が浮かんでは消えていくのをそのまま見送ろう。それらを止めようとしたり，それらに異を唱えたりしてはいけない。それらをあくまで思考や感情として，すなわち，**心的活動と身体的感覚として受け入れよう。**

▶▶▶ マインドフルに考える

　今ここに注意を集中できるようになったら，同じ考え方で，思考と感情にも集中できるようになります。好奇心をもって思考を観察することによって，それらは自分が創り出したものであり，浮かんでは消えていくものであることに気づくでしょう。考えが感情に影響を及ぼしていることもわかるでしょう。思考を止めたり，感情を変えたりする必要はありません。**自**

分の**思考**に注目し，それらに気づいている状態を保つことが大切です。

　静かな場所に腰を下ろし，両手を胸にそっと置きましょう。まずは，1分間，自分の呼吸に全注意を集中させます。

▶ 心のなかの望遠レンズを使って，自分の考えに注意の焦点を絞ります。

▶ 考えがどのように浮かんでは消えていくかに注目しましょう。

▶ それは，海辺に寄せては砕ける波に似ています。波が一つ砕けると，別の波が打ち寄せます。

▶ それは，空を流れていく雲に似ています。一つが流れ去ると，次がやってきます。

▶ 波や雲の一つ一つを，思考や感情だと想像しましょう。

▶ 波が一つ打ち寄せるたびに，あるいは，雲が一つ流れてくるたびに，自分の考えや感情に注目します。

▶ その波が砕け，その雲が流れ去るたびに，その考えや感情が消えていくのを見守ります。

▶ 次の波または雲に乗ってやってくる考えや感情に注目し，ふたたびそれが消えていくのを見守りましょう。

▶ **判断は差し控えます。**その考えや感情に異を唱えたり，それに反応したりする必要はありません。それはやがて通りすぎていきます。

▶ それを止めようとしたり，変えようとしたりする必要もありません。浮かんでくるのをそのまま見守ります。

▶ ただ，それを観察するのです。

毎日，自分の思考と感情を観察する練習をしよう。思考と感情は，あくまで考えや感情として，すなわち，脳の活動と身体の感覚として注目しよう。それらは事実ではない。それらを信じたり，それらに異を唱えたりする必要はない。判断は差し控え，それらが浮かんでは消えていくのを観察しよう。

まとめ

　わたしたちは長い時間，思案して過ごします。これからおきることについて心配し，既におきたことについて何度も思い返します。今ここでおきていることには，注意を払いません。

　注意を集中させ，今おきていることを観察し，好奇心をもちつづけ，五感を働かせましょう。判断を差し控えることを学び，思考は脳の活動であることを理解しましょう。

　考えは，浮かんでは消えていくものです。それらを止めたり，それらに異を唱えたりする必要はありません。それらは「事実」ではなく，あなたを支配することはありません。

マインドフルに呼吸する

　この短いエクササイズは，日に何度でも好きなだけ活用してかまいません。これは，今ここに注意を集中させる有用な方法です。

▶ 1〜2分の間，邪魔の入らない静かな時間を選びましょう。

▶ 両手を胸にそっと置いて，楽な姿勢で座ります。

▶ 鼻からゆっくり息を吸い，口からゆっくり吐き出します。

▶ 呼吸に合わせて，胸が上下することに注目しましょう。

▶ 呼吸するたびに，胸の筋肉が収縮と弛緩を繰り返すのを感じましょう。

▶ 呼吸の音に耳を澄まします。

▶ 鼻から吸いこむ冷たい息と，口から吐き出す温かな息を感じましょう。

▶ 息を最初に吸うとき「1」，次に吐き出すとき「2」と数えます。

▶ これをつづけて「10」まで数え，この穏やかな感覚を楽しみましょう。

心がさまよっても，心配は要りません。
それに気づいたら，すぐに注意を呼吸に戻しましょう。

マインドフルに考える

　わたしたちの心はときに，絶え間なく浮かんでくる考えや心配で，落ち着かない感じになります。しまいには，すでにおきたことを何度も思い返したり，これからおきることについて心配したりして，今ここでおきていることに気がつかなくなります。

▶ 邪魔の入らない静かな時間を選びましょう。

▶ まず，自分の呼吸にしっかり注意を集中させます。

▶ 1分ほどしたら，頭のなかを駆けめぐっている考えに注意の焦点を絞ります。

▶ 考えが浮かんでは消えていく様子に注目しましょう。

▶ それは，海辺に寄せては砕ける波に似ています。波が一つ砕けると，別の波が打ち寄せます。

▶ それは，空を流れていく雲に似ています。一つが流れ去ると，次がやってきます。

▶ 波や雲の一つ一つを，思考もしくは感情だと想像しましょう。

▶ 波が一つ打ち寄せるたびに，あるいは，雲が一つ流れてくるたびに，好奇心をもって，考えもしくは感情に注目します。

▶ その波が砕け，その雲が流れ去るたびに，その考えや感情が消えていくのを見守りましょう。

▶ 次の波や次の雲に乗ってやってきた考えや感情に注目し，再びそれが消えていくのを見守りましょう。

▶ その考えや感情に異を唱えたり，それに反応したりする必要はありません。それはやがて通りすぎていきます。

▶ ただ，それを観察するのです。

マインドフルに観察する

普段は見過ごしていたり，正しく評価しないでいたりするものを，毎日一つ，特定しましょう。たとえば，以下のようなものです。

▶ ペン，皿，マグカップ，ジーンズ，花など，ありふれた日常のもの。

▶ 寝室の壁，キッチンの引き出し，壁にかかっている絵画など，見慣れた場所や見慣れたもの。

▶ 電話，コンピュータ，テレビ，本など，自分がよく使うもの。

1分間，自分が選んだものにしっかり注意を集中させ，念入りにそれを調べましょう。

日　付	観察したもの

自分が使っているものに
しっかり注目している？

　わたしたちは多くの日用品を，あって当たり前のものだと思っています。テレビをつけ，携帯電話でメッセージを送り，インターネットで検索しますが，自分が使っているテレビのリモコンや携帯電話そのもの，コンピュータのキーボードには，ろくに注目していません。

　そうした日用品の絵を，1枚描いてみましょう。テレビのリモコンでも，携帯電話，朝食用のシリアルの箱，コーヒーポットでもかまいません。記憶を頼りに，できるだけ細かいところまで描いてみましょう。

描き終えたら，実物を見て，しっかり観察します。
別のカラーペンを使って，見落としていた部分を自分の絵に描き加えましょう。

◀第7章▶ | 変わる準備を整える

人生には問題が付きものです。親，友だち，恋人，学校，仕事——もっといえば，なんであれ，たいていのことがいつかどこかで問題を引きおこしています。

▶ 家族に**批判される**かもしれない。

▶ 友だちが**冷たくなったり**，計画の仲間に入れてくれなかったりするかもしれない。

▶ 勉強の内容を**理解できない**かもしれない。

▶ **一度もしたことのない**ことをしなくてはならないかもしれない。

わたしたちはこうした問題を，たいていはうまく処置し，すばやく片づけています。ところが，そうはいかない問題もあります。そうした問題には，次のような特徴があるかもしれません。

▶ **かなり頻繁に**おきる。

▶ **長く**つづく。

▶ そのせいで**打ちのめされ**そうになる。

▶ そのせいで**行動が制限される**。

 生活全体がこのような問題に支配されると，心配やストレス，怒り，不満を**感じる**ようになる。

こうした感情は珍しいものではなく，消えてしまうことが多いのですが，ときには**どうしようもなく強く**なることがあります。

▶ 生きること自体が**大きな心配事**になる。

▶ 不安で，**絶えずストレスを感じる。**

▶ 悲しくて憂うつで，**楽しい日がまったくない。**

▶ **怒りが湧いてきてイライラし**，いつもいい争っている気がする。

 心配やストレス，怒り，不満を**感じると，いろいろな行動をしたくなく
なるかもしれない。**

　次のような状況が発生するかもしれません。

▶ **いい訳をして，**いろいろなことを先送りする。

▶ 心配や不安を生じさせることを**避ける。**

▶ **なかなか意欲が湧かない**ことに気づく。

▶ がんばる**努力をしなくなる。**

 なぜこのようなことがおきるのか，どうすれば**気分をスッキリさせて，
自分の生活を取り戻せるのか**を理解する必要があります。

　これに役立つ方法の一つに，**認知行動療法（CBT）**と呼ばれるものがあ
ります。これを活用すれば，さまざまな状況や出来事についての考え方と，
それが感情や行動に及ぼす影響について，理解することができるようにな
ります。

思考：考えていること

　行動をおこすとき，わたしたちの頭のなかでは，実にさまざまな考えが
駆けめぐります。たいていは気づいていませんが，普通は考えが発生して
います。
　ときには，そうした考えが耳障りに感じられることもあります。不安や
怒りを感じていたり，気分が落ちこんでいたりするとき，こうした考えは
しばしば，**役に立ちません。**それらには，以下のような特徴があります。

▶ **ひどく否定的**で，うまくいかないかもしれないことに焦点を絞る。——「何について話したらいいのかわからない。みんな，きっとぼくのことを笑うだろう」

▶ 自分自身と自分の行動を**やたらに批判する**。——「わたしって，ほんとばかだから，勉強で間違ってばかりいる」

▶ **行動を思いとどまらせたり**，がんばらないように説得したりする。——「誰もわたしのことなんて，好きじゃないんだから，うちにいるほうがましよ」

感情：どのような気持ちになるか

わたしたちは毎日，さまざまな感情をたくさん味わっています。なかには，すぐに消えてしまうものや理に適っているものもありますが，いつまでもつづいて生活を乗っ取ってしまうようなものもあります。

役に立たない考え方をしていると，**不快な気持ち**になり，不安や怒り，不満を感じるかもしれません。

▶ 何を話したらいいかわからないと**思う**と，不安を**感じる**かもしれない。

▶ 勉強で，きっと間違うだろうと**考える**と，腹立たしく**感じる**かもしれない。

▶ 友だちに嫌われていると**思う**と，悲しく**感じる**かもしれない。

行動：どのように行動するか

思考と感情は行動に影響を与えます。役に立たない考えや不快な感情があると，いろいろな活動を**やめる，あきらめる，避ける**ということになるかもしれません。

▶ 友だちにどんな言葉をかけたらいいのかわからないと**思う**と，一緒にいても話かけるのを**避ける**かもしれない。

▶ 勉強で，きっと間違うだろうと**考える**と，はなから**あきらめ**，わざわざやってみようとはしないかもしれない。

▶ 友だちに嫌われていると**思う**と，みんなと出かけるのを**やめて**，ひとりで家にこもるかもしれない。

負の罠

　思考と感情と行動がつながっているせいで，しまいには**負の罠**にはまってしまうことがあります。

 役に立たない考え方をすると，**不快な気分**になり，行動をおこすのを**やめる**ようになる。

　そうなると，**自分の考えを強化する行動を取る**ことになります。まるで魔法にでもかかったかのように，役に立たない考えが現実になります。

▶ 友だちと一緒にいても，あまりしゃべらないため，「ぼくのこと，話題のないやつだと思って，一緒に出かけるのがいやになるだろうな」と，さらに心配するようになる。

▶ 勉強をがんばろうとしないため，いろいろ間違えて，「やっぱり自分はどうしようもない」と思うかもしれない。

▶ 友だちと出かけないため，家にこもったまま，「わかってたのよ，誰もわたしのこと好きじゃないって。また，うちでひとりぼっちだ」と思うかもしれない。

　誰しも負の罠にはまることはありますが，なかには，はまったまま出てこられなくなる人もいます。

▶ そういう人の考えは，**役に立たないもの**であることが多い。

▶ そういう人は，たいてい**いつも不愉快**だと感じている。

▶ そういう人はいずれ，**やりたいと思うことをほとんどしないように**なる。

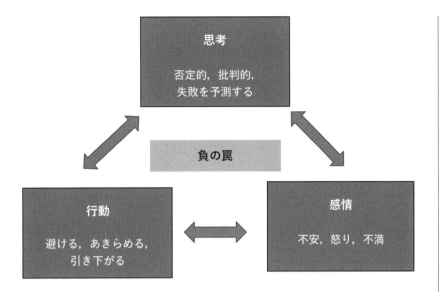

よい話

　考え方について，もっと理解できるようになれば，気分の改善や問題・難題の対処に役立つ方法を見つけることができるかもしれません。そのためには，自分の考え方を検証し，**もっと有用で，もっとバランスの取れた考え方を身につける**ことが重要です。それが身につけば，以下のことがわかるようになるでしょう。

▶ ものごとはうまくいかないこともあるが，自分が想像するほど**ひどくはない**ことが多い。

▶ **自分はきちんと対処できる**のに，このところ，そのことを見落としていたり軽視していたりすることが多い。

▶ 感じ方を変え，自分の生活をコントロールする力を取り戻すために，何かしら**手を打つことができる**。

>>> やってみよう

　問題を抱えたまま生きていくのは，つらいものです。問題のせいで，したいと思っていることができなくなります。たぶん，状況が変わったらいいのにと思っているでしょうが，変えようとしても，簡単に変わるとは限りません。ものごとを変えるには，以下のことが必要になります。

新しい考えに心を開く。

　なかには，変だと思うような考えもあるかもしれませんが，それらがどれだけ役に立つかを知ったら，たぶん驚くでしょう。新しい考えに心を開き，それらを退けないようにしましょう。

別のやり方でやってみる。

　しばしば，いつもとは違うやり方で実験したり，新しいスキルと対処法の練習をしたりする必要があります。何事も，毎回必ず効果があるとは限りません。したがって，新しいやり方はそれぞれ数回ずつやってみましょう。

前向きになる。

　難題や心配事を抱えていると，それらに打ちのめされるように感じるかもしれませんが，前向きな気持ちを維持して，気分をスッキリさせるために何ができるのかを判断しましょう。

本書が最も役立つのは，あなたに意欲があり，自分は感じ方を変えることができると信じているときです。確信をもてないなら，たぶん本書のさまざまなアイディアはあまり役に立たないでしょう。もっと意欲が湧いてくるまで待つほうがよいかもしれません。

≫≫ 達成目標

　変わる努力をしようという覚悟ができたら，次に，**達成目標**を明確にしなくてはなりません。状況がどのように変わったらいいと思っていますか？どういうことができるようになりたいと思っていますか？

目標を設定すると，**将来に焦点を絞る**ことができるようになる。目標は，自分が何を達成したいと思っているのかを思い出させてくれる上に，**今後の進歩の経過をたどる**のにも役立つ。

　優れた目標は，以下の特徴を備えています。各特徴の頭文字をつなぐと**SMART**となるので，目標はSMART_{スマート}に，と憶えておくといいでしょう。

▶ **具体的である**（**S**pecific）——自分のしたいことを明快かつ肯定的に定義したものでなくてはならない。たとえば，「健康になる」ではなく，「ジムに入会して，週2回トレーニングをする」などと，具体的に設定

する。

▶ **測定可能である**（**M**easurable）——進捗状況をチェックできるように，測定できる目標を選ぶことが重要である。したがって，たとえば，「もっと社交的になる」ではなく，「今週は2日間，みんなと一緒にランチを食べる」などとする。

▶ **達成可能である**（**A**chievable）——目標は意欲をそそるものでなくてはならない。目標が高すぎると，達成できるはずがないと思うかもしれない。ベッドから出ることすらなかなかできなくて苦しんでいるときに，「毎日1時間は友だちと外出する」という目標を立てても，絶対に無理だと思うだろう。目標は，必ず達成可能なものでなくてはならない。

▶ **重要な意味をもつ**（**R**elevant）——自分にとって重要な意味をもつ目標を選ばなくてはならない。もし，もっと外出する回数を増やしたいと思っているなら，「地域のスーパーマーケットへ行く」というような目標は——心からそうしたいと思っているならともかく——選んでも意味がない。やり遂げたときに，喜びや誇りを感じるようなものでなくてはならない。

▶ **適切な時間枠が設定されている**（**T**imely）——そこそこの時間枠内で達成できるような目標でなくてはならない。時間がかかりすぎると，イライラしたり，自分は少しも進歩していないと感じたりするかもしれない。すぐに達成できるような小さな目標を選ぶほうがよい。

SMARTな目標は，自分が達成したいと思っていることに焦点を絞っている。達成目標を選んだら，自分がどれだけ進歩しているかを知るために，達成状況を1（開始直後）から100（達成）までの数字で，**毎週必ず評価しよう。**

〉〉〉 奇跡の質問

　達成目標を見つけるには，もう一つ，「**奇跡の質問**」を自分に問いかけるという方法があります。奇跡の質問は，今ここにある問題には焦点を絞らず，もし問題がすっかりなくなったとしたら，**将来**や自分自身，自分の生活はどう変わると思うかを自問します。

　奇跡の質問は，たとえば，以下のようになります。

　　想像してみよう。夜のうちに奇跡がおきて，朝，目が醒めたら，すべての問題が消えていたとする。

▶ そうなったら，自分はどのように**感じる**だろう？

▶ そうなったら，自分は何を**している**だろう？

▶ そうなったら，自分自身や自分の行動について，どう**考えている**だろう？

▶ そうなったら，状況が変わったことを，どのようにして**ほかの人たちは知る**だろう？

将来について，どのように状況が変わったらいいと思っているかを考えよう。そして，そうなるために自分の踏むべきステップについて考えよう。

　役に立たない考え方をしていると，不快な気分になり，さまざまな行動を取らなくなる場合があります。これは，負の罠にはまった状態です。
　この状態がどのように発生するのかを理解し，この罠から抜け出さなくてはなりません。
　どのように状況が変わったらいいと思っているかについて考え，自分の達成目標をいくつか設定しましょう。

変わる準備はできている?

変わる準備ができているかどうかをチェックするために，以下の各文について，どれくらい信じているかを1から100までの数字で記入しましょう。

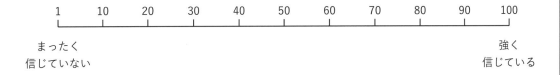

```
1        10      20      30      40      50      60      70      80      90     100
```

まったく　　　　　　　　　　　　　　　　　　　　　　　　　　　　　　　　　　強く
信じていない　　　　　　　　　　　　　　　　　　　　　　　　　　　　　　　　信じている

自分の問題には，打つ手がある。

わたしは自分の問題に打ち勝つことができる。

この取り組み方（認知行動療法）は，自分の役に立つと思う。

わたしはきっと状況を変えることができる。

今がまさに，状況を変えようと努力するべきときだ。

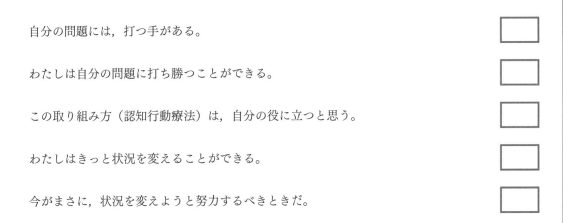

自分が変わろうとすることを妨害されたり阻止されたりする原因には，どのようなことがあると思いますか？

役立てて!　　上の各項目の数字が50以下の場合は，今が状況を変えようと努力するべきときかどうかについて，誰かに相談したほうがよいかもしれません。

認知行動療法

認知行動療法（CBT）とは？
　これに取り組むと，思考と感情と行動のつながりを理解できるようになります。

なぜこのつながりは重要？
　わたしたちは否定的な考え方や批判的な考え方，役に立たない考え方をすることがよくあります。そうした考え方をすると，不安になったり，腹が立ったり，不満を感じたりします。
　そういう気持ちになると，いろいろな行動をおこすのが難しくなります。行動が減れば減るほど，考えこむ時間が増え，考えこむ時間が増えれば増えるほど，気持ちは落ちこんでいきます。

認知行動療法はこれをどのようにして変える？
　認知行動療法に取り組めば，もっとバランスの取れた有用な考え方や不快な感情のコントロール法を見つけられるようになります。自分の生活を取り戻し，本当にしたいと思っていることができるようになります。

認知行動療法はわたしを救ってくれるだろうか？
　認知行動療法は，若者が問題に取り組み，難題に対応するのを助けるための，非常に効果的な方法です。あなたを救えるかどうかは断言できませんが，認知行動療法の考え方のなかに，あなたに役立つものが見つかるかもしれません。

認知行動療法を行なうと何がおきる？
　わたしたちはあなたと一緒に取り組み，あなたの考え方を理解し，さまざまなアイディアを取り入れた実験を行ない，どうすればあなたが気分を改善して，したいことをできるようになるかを見つけ出します。

奇跡の質問

夜のうちに奇跡がおきたと想像しましょう。朝，目が醒めると，すべての問題が消えていました。

そうなったら，どのように感じるでしょう？

そうなったら，何をすることができるでしょう？

そうなったら，どのように考えるでしょう？

そうなったら，状況が変わったことを，どのようにしてほかの人たちは知るのでしょう？

問題のない将来に到達するには，どのような小さなステップを踏んでいきますか？

1.

2.

3.

わたしの達成目標

　達成目標を自分でいくつか設定すると，役に立ちます。そうすることで，自分が達成したいと思っていることを思い出し，どれだけ進歩しているかに気づけるようになります。必ず，SMART（スマート）な目標（104頁参照）を設定し，自分がどれだけ進歩しているかを知るために，達成状況を1から100までの数字で，毎週評価しましょう。

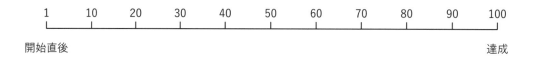

開始直後　　　　　　　　　　　　　　　　　　　　　　　　　達成

達成目標	達成状況									
	第1週	第2週	第3週	第4週	第5週	第6週	第7週	第8週	第9週	第10週
1.										
2.										
3.										

◀第8章▶ | **思考, 感情, 行動**

　　認知行動療法（CBT）は, **思考と感情と行動**のつながりを理解するのに役立ちます。

　　否定的な**考え**や批判的な**考え**, 役に立たない**考え**のせいで, わたしたちは悲しくなったり, 不安になったり, 腹を立てたりします。**行動が少なくなれば少なくなるほど**, 考える時間が増し, イヤな気分が強まります。ときには, **負の罠**にはまって立往生することもあります。そういうとき, 考えはきわめて否定的になり, 役に立たないものになります。誰しも, ときにはこの罠にはまりますが, なかには, はまったまま, 出口を見つけられなくなる人もいます。

　　自分の考え方を問題にして見直すことによって, 次のような流れが生まれます。

▶ これまでよりも**肯定的で, 偏りの少ない, 有用な考え方**が身につく。

▶ そうした考え方のおかげで, **気分がよくなり, 心配が減り, 落ち着きが増す。**

▶ そうなると, **行動する意欲が増し**, 問題や難題に正面から向き合って対応する能力も高まる。

思考と感情と行動のつながりを理解することは, 負の罠から抜け出すために役立つ可能性がある。

負の罠はどう発生する？

　わたしたちの考え方は，長い時間をかけ，その間に発生したいくつかの**重要な出来事**によって形成されます。

▶ 病気や事故を何度も経験したら，「**自分はよくイヤな目に遭う**」と考えるかもしれない。

▶ いじめられたり，友だちが少なかったりすると，「**自分は人から好かれていない**」と考えるかもしれない。

▶ 頻繁に批判されたり叱られたりすれば，「**自分はダメ人間だ**」と思うかもしれない。

中核的思いこみ

　重要な出来事を体験すると，それが，**中核的思いこみ**と呼ばれる非常に強力な考え方に発展することがあります。中核的思いこみは**きわめて強固で融通性を欠く考え方**で，その考えの対象は次のようなものです。

▶ **自分自身**について。「わたしって，優しい」

▶ **行動**について。「わたしは何をやっても失敗する」

▶ **人にどう接してもらいたいか**について。「わたしはみんなから好かれていない」

▶ **将来**について。「わたしはきっとよい結果を出す」

　中核的思いこみはしばしば短文で表現され，わたしたちはそれを，自分が遭遇するあらゆる状況に適用します。

先入観（推論）

　中核的思いこみは役立つこともあり，人生の意味を理解するのを手助けしてくれることもあります。これから何がおきるか，他者がどう行動するかについて，予測や推論をするのにも役立ちます。わたしたちは普通，**もし何かあれば**，**たぶんまた何かがあるだろう**と考えます。

▶ もし「わたしが，優しければ」，たぶん，みんな，わたしを好きになる**だろう。**

▶ もし「必死に勉強すれば」，たぶん試験でよい成績を取れる**だろう。**

▶ もし「みんながぼくをやっつけようとすれば」，たぶんみんなのことは信頼できなくなる**だろう。**

▶ もし「よい結果を出せば」，たぶんよい仕事に就ける**だろう。**

思いこみや先入観は**役に立つ**こともある。わたしたちはそれらに**刺激されて**行動をおこし，それらにはげまされて難題に立ち向かい，それらのおかげで**よい気分になる。**

役に立たない思いこみ

　一方，中核的思いこみは**役に立たない**こともあります。「わたしは完璧でなくてはならない」，「自分はダメ人間だ」，「誰もわたしを大切に思ってくれない」といった思いこみがあると，次のようなことになるかもしれません。

▶ **間違った予想**をする。

▶ **失敗しそうな状況に自分を追いこむ。**

▶ **不快な気分**になる。

▶ **行動を制限する。**

▶ いろいろな行動を**あきらめる。**

　「わたしは完璧でなくてはならない」という思いこみは，自分のやることはけっして充分ではないという推論につながるかもしれません。こうなると，繰り返しがんばりつづけるうちに，ストレスが生まれ，みじめな気持ちになることもあるでしょう。

　「自分はダメ人間だ」という思いこみは，勉強なんてがんばってもしょうがないという推論につながるかもしれません。自分がなさけなくなり，結局，宿題の提出をさぼって学校で問題になることもあるでしょう。

　「誰もわたしを大切に思ってくれない」という思いこみがあると，自分に親切にしてくれる人はいないと推論するかもしれません。悲しくなったり，心配になったりして，多くの時間をひとりで過ごすことにもなるかもしれません。

思いこみと先入観は，役に立たないこともある。そのような場合は，難題に立ち向かう意欲がそがれ，不快な気分になる。

中核的思いこみは強固である

　中核的思いこみは，強い影響力をもつ非常に強固な考え方で，いかなる挑戦にも抵抗します。わたしたちは二つのやり方で，それらを強固にしつづけています。

　一つは，**そうした思いこみが正しいことを示す証拠を，たとえどんなにささいなことでも，常に探しつづけている**ということです。

▶ ある特別な服を洗ってほしいと思っていたのに，多忙な一日を過ごした母親が，たまたま時間がなくて洗濯できなかったということがあるかもしれない。このことをもって，「誰もわたしを大切に思ってくれない」証拠だと考えることもあるだろう。

　もう一つは，**その思いこみに異を唱える事柄はすべて，取るに足らないことだとして無視するか，退けるかする**ということです。

▶ 「自分は誰にも好かれていない」という思いこみがあると，両親からのプラスのコメントも，「本当はそんなふうに思っていないくせに」と拒絶するかもしれない。

中核的思いこみのスイッチが入る

　わたしたちには中核的思いこみがたくさんあるようです。灯りのスイッチがたくさんあるようなものかもしれません。思いこみはいつもそこにあるのですが，スイッチが入ったときに思考の最前線に出てくる，ということです。
　中核的思いこみは，それが形成されるきっかけとなった出来事に似た出来事によって，スイッチが入ります。

▶ 宿題を最後まで済ませるようにいわれると，「わたしは完璧でなくてはならない」という中核的思いこみのスイッチが入るかもしれない。

▶ 運転免許の取得試験が不合格になったことで，「**わたしは何をやっても しくじる**」という中核的思いこみのスイッチが入るかもしれない。

▶ 恋人と別れたことで，「**誰もわたしを愛してくれない**」という中核的思 いこみのスイッチが入るかもしれない。

自動思考

　いったんスイッチが入ると，中核的思いこみと先入観は数多くの考えを 生み出します。それが**自動思考**です。それらは頭のなかを駆けめぐり，今 おきていることについて実況中継をします。

　わたしたちが最もよく気づくのが，この自動思考です。手持ち無沙汰に していると，特によく気づきます。中核的思いこみや先入観が役に立たな いものだと，自動思考は否定的で批判的なものになります。

　否定的な考えは，うまくいきそうにないことに焦点を絞ります。「**何を話 したらいいかわからないから，みんな，自分のことを笑うだろうな**」

　批判的な考えは，自分自身や自分の行動の取り方を批判します。「**おれっ て，ほんとにばかだ。学校の課題，間違いだらけだ**」

　役に立たない考えは，行動をおこしたり，問題に対処したりするのを思 いとどまらせます。「**誰もわたしのことなんて，好きじゃないんだから，家 にひとりでいるほうがいいのよ**」

▶ 宿題を最後まで済ませるようにいわれると，「**どうしたらいいかわから ない**」，「**こんなのでは，全然だめだ**」，「**これ，きっと間違ってる**」な どの否定的な自動思考が生じるかもしれない。

▶ 運転免許の取得試験が不合格になったことで，「**大失敗しちゃったな**」， 「**わたしはきっと，一生，運転できない**」，「**あの試験官，おれが気に食 わなかったんだ**」などの否定的な自動思考が生じるかもしれない。

▶ 恋人と別れたことで，「**ずっとつづくはずないってわかってたわ。絶 対，無理だったのよ**」，「**向こうはこっちのこと，からかってるんだ**」， 「**もう絶対，恋人なんか作らない**」などの否定的な自動思考が生じるか もしれない。

感情──どのような気持ちになるか

どう考えるかは，どのような気持ちになるかに影響を及ぼします。

肯定的な思考や有用な思考をすれば，よい気分になります。

▶ もし「**自分のパーティ，すごく楽しみ**」と思えば，たぶん，わくわくするだろう。

▶ もし「**この服，わたしによく似合いそう**」と思えば，たぶん，幸せな気分になるだろう。

▶ もし「**これのやり方はわかってる**」と思えば，たぶん，気持ちが楽になるだろう。

否定的な思考や批判的な思考をすれば，不快な気分になります。

▶ もし「**誰もわたしのパーティには来てくれないだろう**」と思えば，心配でたまらなくなるだろう。

▶ もし「**この服は，わたしには似合っていない**」と思えば，憂うつな気分になるかもしれない。

▶ もし「**このやり方がわからない**」と思えば，怒りやストレスを感じるかもしれない。

こうした感情の多くはそれほど強烈ではなく，すぐに消えます。それどころか，そういう感情の発生に気づくことすらないかもしれません。

一方，不快な感情が幅を利かせることもあります。そうした感情は強烈になったり，いつまでもつづきそうだったりして，わたしたちは結局，ストレスや不満や怒りを感じつづけることになります。

行動──どのように行動するか

こうした感情が継続したり，非常に強くなったりすると，行動に影響を及ぼしはじめます。わたしたちはよい気分でいたいと思っているため，よい気分になることをたくさんしようとし，不快な気分になるこことはできるだけしないようにしようとします。

したがって，**不快だと感じると**，次のような状況が生じるかもしれません。

▶ いろいろなことをするのを**やめる**。

▶ 厄介にことになりそうな状況を**避ける**。

▶ いろいろなことをやってみようとするのを**あきらめる**。

　自分の仕事や課題を批判されて腹を立てた人は，職場や学校に行くのを**やめる**かもしれません。家にいるほうが落ち着いていられるのでしょう。

　ほかの人と話をすると不安になる人は，出かけるのを**避ける**かもしれません。家にいたり，ひとりでいたりするほうがリラックスできるのでしょう。

　悲しくて憂うつだと，行動する元気が出ないこともあるでしょう。意欲が湧かなくなり，かつては楽しんでいたことも，するのを**あきらめる**かもしれません。

負の罠

　行動が減れば減るほど，自分ひとりで過ごす時間が増え，役に立たない自分の考えに耳を貸すことが多くなります。

　思いこみはきわめて強固で，その考えがあまりに頻繁にきこえてくると，わたしたちは，最初から**その考えが正しかった**ことを証明する**証拠を探す**ようになります。

▶ 出席について話し合うために面談したいという電話が，学校からかかってくると，「**ぼくのことをただ叱りたいだけなんだ**」という考えが証明されたように思うかもしれない。

▶ ひとりで家にこもっていると，「**自分には友だちがひとりもいない**」という考えが証明されたように思うかもしれない。

▶ スポーツクラブのトレーニングに行かないでいると，「**自分は何もできない**」という考えが証明されたように思うかもしれない。

　これが**負の罠**で，これにはまると，まるで魔法にでもかかったかのように，自分の考えはやっぱり正しかったと思えてきます。この点をもう一度，チェックしましょう。というのも，わたしたちはしばしば，自分の否定的な考えを支持する証拠だけを探して，その考えを疑問視するものはすべて無視したり退けたりするからです。つまり，話の一面しか見ていないのです。そこで，見落としていることがないかどうかをチェックするのです。

▶ 学校側は，あなたが学校に戻れる方法をなんとか見つけたいといっているのに，あなたはそれを聞きもらしたのかもしれない。

▶ この週末に何か予定が入っているかどうかを訊ねるメールが友だちから入っていたのに，あなたはそれを見落としたのかもしれない。

▶ 今日はあまり気分がよくなかったけれど，先週はちゃんとトレーニングに行ったことを忘れていたのかもしれない。

負の罠は，抜け出すことができる。**もっとバランスの取れた有用な考え方を身につけ**，それによって気分を改善し，自分が本当にしたいと思っていることをできるようになろう。

　わたしたちは負の罠にはまることがあります。負の罠にはまると，不快な気分になるような考え方をし，そうした考え方のせいで，いろいろな活動をやめてしまいます。
　わたしたちは，考え方と感じ方と行動を理解する必要があります。
　もっとバランスの取れた有用な考え方が身につくと気分はよくなり，そうした考え方に促されて，いろいろな活動ができるようになります。

負の罠

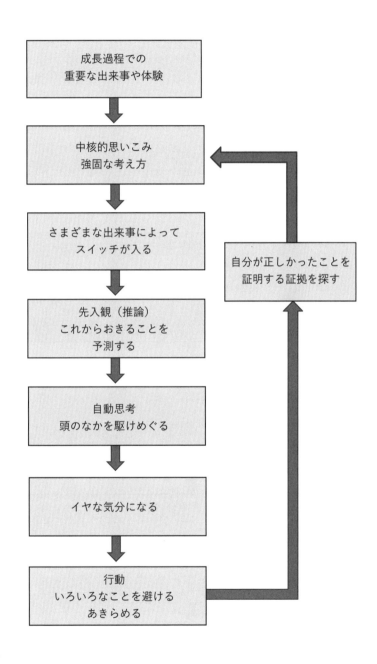

成長過程での
重要な出来事や体験

中核的思いこみ
強固な考え方

さまざまな出来事によって
スイッチが入る

先入観（推論）
これからおきることを
予測する

自動思考
頭のなかを駆けめぐる

イヤな気分になる

行動
いろいろなことを避ける
あきらめる

自分が正しかったことを
証明する証拠を探す

役に立たない考え

厄介だと思う状況について考え，以下を書いておきましょう。

▶ その状況

▶ 頭のなかを駆けめぐっている（と自分で気づいている）考え

▶ 気づいている感情や体のサイン

▶ 最終的に取る行動

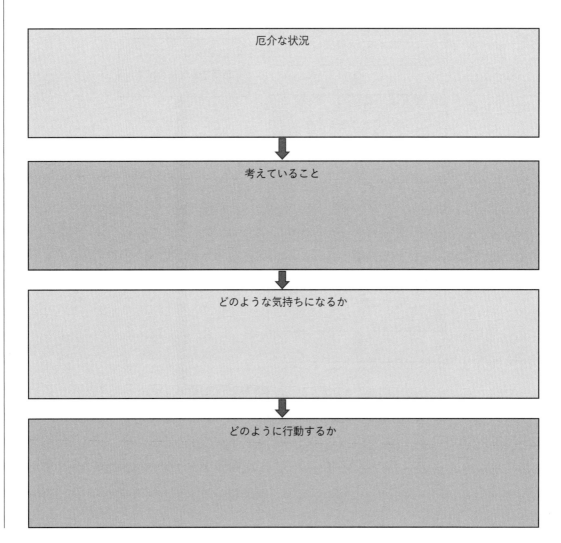

厄介な状況

考えていること

どのような気持ちになるか

どのように行動するか

◀第9章▶ | 考え方

わたしたちの頭のなかには，さまざまな考えが絶え間なく流れています。これまでにおきたことや今自分がしていること，これからすることになる行動について，実況しているのです。

あるパーティに招待されたときのことを想像してみましょう。友だちはみんな出席する予定です。あなたも遅くまで残るつもりです。すてきな音楽もかかるはずです。出かける準備をしながら，自分が以下のようなことを**考えている**ことに気づくかもしれません。

▶「この服なら，カッコよく見えるはず」

▶「友だちがみんな，集合時間をメールでチェックしてる」

▶「すごく楽しくなりそう」

こんなふうに**考える**ときは，たぶん嬉しくてワクワクした**気分**で，あれこれ計画を立てたり，友だちと連絡を取り合ったり，出かける準備をしたりするのに**忙しい**はずです。

一方，まったく違うことを考えている自分に気づくこともあるかもしれません。着ていく服が決まらず，誰が参加するのかもはっきりしていなくて，出かける用意をしながら，以下のように**考えている**かもしれません。

▶「この服，全然似合ってない」

▶「何時に出かけるのか，誰も電話できいてこないな」

▶「ひどいパーティになりそう」

こんなふうに**考える**ときは，たぶん不安で憂うつな**気分**で，準備を**先送りし**，行くかどうかも迷っていることでしょう。

自分の考え方を調べると，感じ方や行動の取り方を理解できるように
なる。

>>> ホットな考え

考えていることは常にありますが，それらはいつも耳に届いているわけ
ではありません。わたしたちが最もよく気づく考えは，**強烈な感情を引き
おこす**ものです。

そうした考えは**ホットな考え**と呼ばれていて，その内容は，自分のことを
どう思っているか，自分がどのように行動するか，他人にどう自分と接して
ほしいと思っているか，自分の将来をどう見ているかなどについてです。

自分のことをどう思っているか──自分自身をどう見ているか，自分の
強みやスキルをどう見ているか。

▶ 「わたしは，ばかだ」

▶ 「わたしは，優しい」

▶ 「おれは，ダメ人間だ」

自分がどのように行動していると思っているか──自分の行動をどう評
価しているか。

▶ 「ぼくは，なんであれ，ちゃんとできた試しがない」

▶ 「わたしは，美術が得意だ」

▶ 「ぼくはいつもがんばっている」

他人にどう自分と接してほしいと思っているのか──自分に対してどう
行動してほしいと思うのかは，成長過程での体験によって決まる。

▶ 「みんな，わたしのこと，嫌いなのよ」

▶ 「父さんと母さんは，いつもぼくの力になってくれる」

▶ 「みんな，わたしのことなんて，どうでもいいんだ」

将来をどう見ているか──自分の将来についてどう考えているのか，こ
れから何がおきると思っているか。

▶ 「このままずっと，自分ひとりではうまく対処できないままさ」

▶「よい結果を出して，進学するんだ」

▶「長くつづく恋愛は，自分には無理だ」

役に立つ考え

　考え方のなかには，役に立つものもあります。そういう考え方をしていると，よい気分になり，勇気が湧いてきて，いろいろなことをしようという気持ちになります。そうした**役に立つ考え**は，以下のことを認めます。

▶ 自分に関する**肯定的な**こと──「わたしのヘアスタイル，こうすると素敵だわ」

▶ 自分の**強みと成功**──「ぼくは人とうまくやれる。だから，きっと新しい友だちができる」

▶ **やり遂げたこと**やうまくいっていることに注目すること──「あの試合でのプレーは，本当によかった」

▶ **うまく対処すること**やよい結果を出すことに焦点を絞ること──「これは，ものもすごくきついだろうけど，自分なら，きっとできると信じている」

役に立つ考えをすると，**意欲が高まり**，**勇気が湧いて**，難題に立ち向かえるようになる。その考えに力づけられ，問題にうまく対処して，**よい結果を出せる**ようになる。

役に立たない考え

　一方，考え方のなかには，あまり役に立たないものもあります。そういう考え方をしていると，不快な気分になり，いろいろな行動を取らないようになります。そうした**役に立たない考え**には，以下の特徴があります。

▶ **否定的**──「なんてひどいヘアスタイルだ」

▶ 自分自身や自分の行動に**批判的**──「みんな，ぼくのことが嫌いだから，ぼくとなんか，出かけたいって思わないよ」

▶ **うまくいっていないこと**や正しくないことに注目する──「ぼくがあの試合をメチャメチャにしたんだ」

▶ 自分が**うまく対処できない**ことや**よい結果を出せない**ことを予言する
——「こんなの，できるはずがない」

 役に立たない考えをしていると，難題を**先送りにしたり回避したりする**ようになる。よい結果を出せるはずがない，**うまく対処できるはずがない**という気持ちになる。

自動思考

頭のなかを駆けめぐる考えは，**自動思考**と呼ばれています。自動思考は，誰にもあって，以下の特徴があります。

自動的——自然に浮かぶ。そのことを考えるまでもなく，ポンッと浮かび上がってくる。
継続的——常に存在している。どんなにがんばっても，それらを追い払うことはできない。
筋が通っている——理に適っているように思える。それらに異を唱えたり，それらを問題にしたりすることなく，正しいこととして受け入れる。
内緒にしておく——何を考えているかを人に話すことはめったにない。それらは内緒にされたまま，心のなかを駆けめぐりつづける。

>>> 負の罠

自動思考には，その特性として，役に立つものと役に立たないものが混在しています。わたしたちはしばしば，否定的な出来事のみならず肯定的な出来事も認識しています。全体像を見て，自分の限界に気づく一方で，自分の強みやスキルも認めることができるのです。これが，**バランスの取れた考え**です。

けれども，ときには，負の罠にはまります。そうなったとき，以下のことがおきます。

▶ 思考に**歪み**が生じる。**否定的な**考えや**批判的な**考えにしか気づかなくなる。
▶ **失敗**やうまくいっていないことに焦点を絞った考えしか聞こえなくなる。

▶　自分は**うまく対処できない**と信じこむようになる。

否定的な考えがあまりに頻繁に聞こえてくると，こんなにしょっちゅう聞こえてくるからには，どうやらその考えは**筋が通っているようだ**と考える。そして，聞けば聞くほど，それを信じるようになり，**本当のこととして受け入れる**ようになる。

　ある日，サユリは，バス停でバスを待っているとき，急に不安でたまらなくなり，泣きそうになりました。そこでそのとき心のなかを駆けめぐっていた**ホットな考え**を，自分で突き止めてみようと思いました。

▶　あのとき，どんなことを考えていた？

　昨日の夜会ったあの男の子のことを考えてたんだわ。彼のことを好きになったから，また会えたらいいなって。でも，彼はきっと会ってくれないだろうな。そう思って，不安になったんだ。

▶　自分について，どんなことを考えていた？

　彼はわたしのこと，そんなに気に入ってはいなかったって，思ってたの。**昨日の夜，わたしは，あまり素敵じゃなかったし**，わたしより魅力的な女の子はたくさんいるもの。

▶　自分とどんなふうに接してほしいと思った？

　人にがっかりさせられたときのことをいろいろ考えてみたの。そしたら，「昨日の帰り際，彼はそんなに気があるようではなかったし，たぶんわたしの電話番号はもうなくしちゃっただろうから，彼から電話は来ないわ」って，自分が考えていることに気づいたんだ。

▶　このあと，どんなことがおきると思った？

　彼は会ってくれっこないって，とっくに思いこんでいたから，自分がすっぽかされたことを友だちに説明しなくちゃいけないし，みんなに笑われるだろうなと思ったのよ。

　これはサユリの心のなかで行なわれたことです。こうして考えれば考えるほど，気持ちは落ちこんでいき，実際にこうなるに違いないという確信が深まっていきました。こんな調子では，不安になって悲しくなるのは当然です。泣きそうになった理由がだんだんわかってきました。

自分の考え方をチェックしよう。強い感情に気づいたら，自分が何を考えているのかを調べてみて，それが役に立つ考えか，役に立たない考えかをチェックしよう。

　わたしたちの心のなかでは，さまざまな考えが絶え間なく駆けめぐっています。

　こうした考えはときに，否定的かつ批判的で，役に立たないことがあります。

　自分の考えをチェックして，役に立たない考え方をしていないかどうかを調べましょう。

自分の考えをチェックする

強い感情や，心のなかを駆けめぐる考えに気づいたら，以下に書き出しましょう。

自分自身について，どのようなことを考えていましたか？

ほかの人に自分とどう接してほしいと思いましたか？

このあと，どのようなことがおきると思いましたか？

ほかの考えと比べてみて，
特に頻繁に浮かんでくる特定の考えはありますか？

ホットな考え

　強い感情に気づいたら，心のなかを駆けめぐっている考えを見つけてみましょう。

▶　何をしていましたか？

▶　どのような気持ちでしたか？

▶　どのようなことを考えていましたか？

日　時	何をしていたか	どう感じていたか	どのような ホットな考えが心を 駆けめぐっていたか

あなたの考え方は役に立つ考え方ですか？

それとも，役に立たない考え方ですか？

頭の中身をダウンロードする

　考えを何も見つけられなくても，心配は要りません。考えを探そうとしても，見つからないことはあります。そうなったら，頭の中身をダウンロードしてみましょう。

　感じ方に変化が生じたことに気づいたら，何がおきたのか，そこには誰がいたのか，どういう言葉が交わされたのか，自分はどう感じたかについて，できるだけたくさん書き出します。

何がおきたかをできるだけくわしく書きましょう。

ここに書いたことを翌日読み直し，どうにか見つかった考えがあれば，

それに下線を引きましょう。

◀第10章▶ 思考の罠

　考え方には，役に立つものと役に立たないものがあるということがわかってきました。

 役に立つ考え方をすれば，楽しい気分になる。役に立つ考えは「**進め**」**の考え**で，わたしたちはその考えに**はげまされて**，いろいろなことをやってみるようになる。

▶ もし「**今夜のパーティ，楽しみだなあ**」と思えば，わくわくして楽しい気分になり，いつでも出かけられるように準備をするかもしれない。

▶ もし「**これは今までやったことがないけど，試しにやってみよう**」と考えれば，気持ちが落ち着いて，意欲が湧いてくるかもしれない。

▶ もし「**シュンとサトルと一緒にいるのが好きだ**」と思えば，幸せな気分になって，ふたりと一緒にいたいと思うかもしれない。

 役に立たない考え方をすれば，不快な気分になる。役に立たない考えは「**止まれ**」**の考え**で，人はその考えに**説得されて**，いろいろなことをやってみるのを思いとどまるようになる。

▶ もし「**あのパーティには知り合いがひとりもいないだろうな**」と思えば，心配になって，行くのを迷うかもしれない。

▶ もし「**これは今までやったことがないし，何をしたらいいかもわからない**」と考えれば，悲しくなって，やってみようという気持ちはそがれるかもしれない。

▶ もし「**シュンとサトルはいつもぼくを除け者にする**」と思えば，怒りを感じて，ひとりで家に留まるかもしれない。

わたしたちは，役に立たない考え方をしようと思って，しているわけではありません。それは，長い間に身についたものです。誰しも，ひどくつらい経験をしたり，ものごとがうまくいかなかったり，何かをしようとして，あとでものすごくイヤな思いをしたりしたことがあるでしょう。こうした体験をすると，否定的な出来事や，よい結果を出せないときのこと，うまく対処できないときのことに，つい注目するようになります。

否定的なことに注目すればするほど，それを裏づける証拠がたくさん見つかり，以下のことを確信するようになります。

▶ **否定的な**ことは絶えずおきる。

▶ やること，なすこと，**失敗**ばかりだ。

▶ いろいろな問題に，**どうしてもうまく対処できない**。

負の罠にはまると，よい出来事があっても，見落としたり，たいしたことではないと退けたりして，否定的なことだけを見るようになります。

 これを変えるためには，まず，自分の考え方に気づき，人がはまりがちな五つの**思考の罠**について，よく知ろう。

ネガティブ・フィルターを通す

この罠にはまると，**否定的な出来事**──思うように進まない事態，自分のした間違い，人にいわれた悪口，うまく対処できなかったときのこと──にばかり注目します。肯定的なことはすべて，見落としたり，信じなかったり，どうでもいいことだと判断したりします。ネガティブ・フィルターには，主に二つのタイプがあります。

 ### ダメダメ色メガネ

この色メガネをかけていると，肯定的な出来事が見えなくなります。否定的な出来事しか見えなくなるのです。

▶ 学校で充実した一日を過ごして下校するとき，何かにつまずいて転んだとしよう。つい，「**人前でヘマしちゃった。みんな，笑ってたな**」と

思うかもしれない。転んだことだけに注意が向き，その日の残りの時間のことは見落としたままになる。

>>> よいところを無視する

この罠にはまると，肯定的な出来事があっても，すべて無視したり，無意味なことだと思ったりします。そういうことが増えれば増えるほど，イヤな出来事しかおきないという思いこみは強くなっていきます。

▶ 親から何かをほめられても，つい，「そんなの，親の欲目よね」と思うかもしれない。

▶ 誰かが自分と付き合いたがっているときいても，「**ほかに付き合う相手が見つからないんだろう**」と思うかもしれない。

ヒントを一言　否定的なことに注目する傾向に対抗するには，肯定的な出来事を見つける努力をしよう。

ダメなところを強調する

二つ目の思考の罠にはまると，否定的な出来事や状況は誇張され，実際よりも**大事（おおごと）になったり**，重要な意味をもつようになったりします。この状況は，三通りの形で発生します。

>>> マイナス面を大げさにする

この罠にはまると，否定的な出来事が，とんでもなく大げさに誇張されます。

▶ 「彼の名前を忘れちゃうなんて。**みんな，わたしのこと，大笑いしてたわ**」

▶ 部屋に入ろうとすると，つい，「**みんながわたしをにらんでる**」と思うかもしれない。

>>> 全か無かの考え方

　これは両極端な考え方のことです。猛暑でなければ極寒，完璧でなければ失敗とする考え方で，その中間はなさそうです。

▶ 親友とちょっと意見が食い違っただけで，「あいつとはもう，**友だちじゃない**」と考えるかもしれない。

>>> 最悪を考える

　これは，おこりうる結果の予測が悪いほうに向かっていく考え方のことです。

▶ なんだか不安になり，心臓がドキドキいっているのに気づくと，「**うわぁ，どうしよう，心臓発作をおこしそうだ**」と思うかもしれない。
▶ 頭が少しクラっとしただけで，「**気を失いそうだ**」と思うかもしれない。

ダメなところを大げさに強調すると，否定的な出来事は実際よりも大事（おおごと）になる。ものごとは，常に大局的に見るようにして，状況は思っているほど悪くはない可能性があることを理解しよう。

悪いことを予測する

　三つ目の思考の罠は，将来と，予期される将来の出来事に，焦点を絞っています。この罠にはまると，しばしば**失敗を予測し**，その内容は悪いほうに向かいます。この状況は，主に二通りの形で発生します。

>>> 占い師タイプ

　占い師には，これからおきることがわかります。そして，おきるのはたいてい，イヤなことです。わたしたちが失敗することや，ものごとが思いどおりに進まないこと，対処が徒労に終わることをいい当てます。これでは不安になるのも無理はありません。

▶ 友だちからお出かけの誘いがあっても，ふと，「**みんな，わたしのこと，無視するだろうな**」と思うかもしれない。何がおきるかはわからないのに，事態を悪いほうに予測し，そう考えることで，さらに不安が高まっていく。

読心術師タイプ

　読心術師には，みんなが考えていることがわかります。そして，その内容はたいてい，自分に対する批判や意地悪です。

▶ 一緒に出かけていた友だちと別れ，家に向かって歩いているとき，ふと，「**シンは，ぼくの携帯電話のこと，ダサイって思っている**」という考えが頭に浮かんだ。たぶんシンは，そうはいっていないのに，彼の考えていることがわかっているかのようだ。

悪いことを予測すると，結局，自分にはよい結果を出せないとか，ものごとは思うようには進みっこないなどと，本気で思うようになる。自分ができることや，やっていて楽しいことに注目するようにしよう。

自分を責める

　この罠にはまると，**自分自身につらく当たる**ようになります。自分自身をののしり，うまくいかないことは全部自分のせいにします。この状況は，二とおりの形で発生します。

ダメ人間のレッテルを貼る

　自分に次のようなレッテルを貼り，自分の行動をすべて，その観点から考えるようになります。

▶ 「**自分は負け犬だ**」
▶ 「**わたしって，絶望的**」
▶ 「**おれはクズだ**」

>>> 自分のせいにする

　この罠にはまると，否定的な出来事の責任は自分にあると感じます。自分にはどうしようもないことであっても，自分に責任があると感じます。うまくいかないことはすべて，自分のせいのような気がするのです。

▶ 「ぼくが乗ったとたん，バスがエンコした」

▶ 自分が友だちに近づいていくと，大声で口論しているのが聞こえたため，つい，「わたしが行くと，いつも口論がはじまる」と考える。自分に責任のないことまで——友だちはそれ以前からいい争っていたのに——自分のせいだと考えてしまう。

自分を責める代わりに，もし友だちが自分と同じように思っているのを聞いたら，その友だちにどんな言葉をかけるかを考えよう。

失敗する自分を作り出す

　わたしたちはときに，自分に対して**非常にハイレベルな基準**を設定し，自分の取るべき行動に**現実離れした期待**をします。目標が高すぎるせいで，わたしたちがそれを達成することはついぞなく，結局，失敗が繰り返されます。こうした状況は，主に二つの形で発生します。

>>> べき思考

　わたしたちはときどき，自分には達成できない目標を設定してものごとを考えたり，そうした目標を目ざすよう，自分にいいきかせたりします。そのせいで，自分の失敗やまだ達成できていないことを強く意識するようになります。この考え方には，たいてい次のような言葉が伴います。

　　わたしは〜すべきだ。

　　わたしは〜しなくてはならない。

　　わたしは〜してはならない。

　　わたしは〜できない。

完璧を目ざす

　この罠にはまると，期待や基準はありえないほど高くなります。常に完璧でありたいと思うため，自分や他者がその途方もない基準に達することができないと，打ちのめされます。

▶ 学校の成績目標をあまりに高く設定しているため，B$^+$がついたり，何かを間違えたりすると，大きなショックを受けたり，腹を立てたりするかもしれない。

▶ 自分の友だちは優しくて信用できるはずだと思っているため，その期待を裏切られると，ひどく動揺するかもしれない。

 自分の期待を見直そう。まだできていないことに注目するのではなく，すでにやり遂げていることを認めよう。

 　誰しも思考の罠にはまって行き詰ることはあります。そうなるのは，以下のような場合です。

▶ 否定的な出来事ばかり見る。

▶ 否定的な出来事だけ，やたらに誇張する。

▶ ものごとはうまくいかないものだとしか考えない。

▶ ひたすら自分を責め，自分につらく当たる。

▶ いつも非現実的な期待をして，途方もない基準を設定する。

　もっとうまく思考の罠に気づけるようにならなくてはなりません。自分がはまっている罠がわかれば，それらを見直して，もっとバランスの取れた役に立つ考え方に変える方法を身につけることができます。

思考の罠

　思考の罠が見つかれば，それらを見直して，もっと役に立つ考え方を身につけることができるようになります。自分の考えを調べ，見つかった思考の罠をすべて，以下に書き出しましょう。

ダメダメ色メガネ──肯定的な出来事や状況を見ることができない

よいところを無視する──肯定的なことはすべて無視したり，けなしたりする

マイナス面を大げさにする──ささいなことを実際よりも大きくする

全か無かの考え方──両極端にしか考えない

最悪を考える──おこりうる最悪の結果を考える

占い師タイプ──悪い事態を予測する

読心術師タイプ──ほかのみんなの考えていることがわかる

自分のせいにする──悪い出来事の責任はすべて自分にある

ダメ人間のレッテルを貼る──自分自身に厳しいレッテルを貼る

完璧を目ざす──ありえないほどハイレベルな基準を設定する

べき思考──自分の期待に応えられない

思考と感情

　強い感情に気づいたら，それを記録し，何がおきていたのかを書き出しましょう。そして，心のなかを駆けめぐっている考えをなんとかすべて見つけて，思考の罠にはまっていないかどうかを調べましょう。

日　時	そのときの 出来事， そこにいた人物	どのような 気持ちに なった？	何を 考えていた？	思考の罠に はまっている？ どの罠？

◀第11章▶ 考え方を変える

　わたしたちはつい，否定的な考え方をしてしまいます。誰にもそういう傾向があります。これはごく普通のことですが，なかには，この否定的かつ批判的で偏った考え方にすべてを支配されている人もいます。

　負の罠にはまって身動きが取れなくなると，悪い出来事しか見えなくなります。ものごとはうまくいかないものだと考えるようになり，悪い出来事を実際よりも大事（おおごと）だととらえるようになります。このように考えれば考えるほど，その考えを信じる気持ちも強くなっていきます。

 否定的な考えに耳を貸し，それらを真実だと認めるのをやめよう。そして，「**見つけて，調べ，見直して，変える**」という4ステップを使ってその考えを検討し，もっと役立つ考え方がないかどうかを調べよう。

▶▶▶ 考えを見つける

　強烈な不快感に気づいたときや，**何かを避けたり**先送りしたりしていることに気づいたときには，頭のなかを駆けめぐっている考えを見つける努力をしましょう。その考えは，なんらかの助けになるものですか？　その考えのおかげで気分はよくなりますか？　その考えにはげまされて，いろいろなことをしようという気持ちになりますか？

　そうした考えを紙やノートパソコン，コンピュータ，携帯電話に記録します。ばかばかしく思えるかもしれませんが，心配は要りません。それらの考えのせいで，不快感が生まれているのです。ですから，それらを見つけて，しっかり調べなくてはいけません。

>>> それを調べる

　次に，その考えを調べて，自分が**思考の罠にはまっていないか**どうかを
見きわめます。問題を実際よりも大事（おおごと）にしていないかを調べましょう。

- ▶ **ダメダメ色メガネ**をかけていないだろうか？　否定的なことだけに注
  目していないだろうか？

- ▶ **ダメなところを強調して**いないだろうか？　ちょっとしたことを実際
  より大げさにとらえていないだろうか？

- ▶ **占い師**のように，これからおきることを予測していないだろうか？

- ▶ **読心術師**のように，ほかの人が思っていることをわかったつもりになっ
  ていないだろうか？

- ▶ 途方もない基準を自分で設定して，**完璧を目ざして**いないだろうか？

- ▶ 自分に責任のないことで，**自分を責めて**いないだろうか？

- ▶ **よいところ**があっても，**重要ではない**と思っていたり，肯定的な出来
  事がおきても，それをはねつける方法を探していたりしないだろうか？

- ▶ **最悪を考え**ていないだろうか？　おこりうる最悪の結末を予測してい
  ないだろうか？

>>> それを見直す

　思考の罠についてのチェックが終わったら，その考えを支持する証拠と
反証を探します。**事実**に焦点を絞り，見落としていたこと，取り合わなかっ
たこと，忘れてしまっていたことなどを探しましょう。

　まず，自分の否定的な考え方を**支持する**証拠を探し，そのあとで，それ
を**疑問視する**証拠を探します。

- ▶ これまでに，**自分の考えが正しくなかったケース**はあるだろうか？　こ
  の問いかけは，ダメなところを誇張したり，完璧を目ざしたり，よい
  ことを無視している場合に役立つ。

- ▶ 何か**重要なことで，見落としていたこと**はあるだろうか？　これは，
  ダメダメ色メガネを見直すときに役立つ。

- ▶ 親友や，**自分が高く評価している人物**が，自分のこういう考え方をき
  いたら，どんな**言葉をかけてくる**だろうか？　これは，自分を責めた
  り，ダメダメ色メガネをかけているせいで別の見方ができなくなった
  りしているときに役立つ。

▶ このことがおきているという証拠や，**このことがおきるかもしれないと心配する**証拠には，どんなものがあるだろうか？　これは，占い師タイプや読心術師タイプに役立ち，自分の心配が実現しないようにするにはどうしたらよいのかを考える手立てとなる。

▶ もしこのことがおきたとしたら，**本当にそんなに恐ろしいことになるのだろうか**？　この自問は，最悪を考える考え方を見直し，状況を大局的に眺めるのに役立つ。

>>> それを変える

考え方を調べることで思考の罠が見つかり，見直しによって，自分の考え方に異を唱えるのに役立つ新しい情報や見落としていた情報が見つかりました。そこで今度は，すべてを考え合わせた上で，問題の件についての考え方で，ほかにもっと役に立つものがないかどうかを判断していきます。

これは，**自分自身をだまして**何もかも大丈夫だと**思いこませる**ということではありません。現実は以下のとおりです。

▶ イヤなことはおきるものである。

▶ 批判されることもあるだろう。

▶ 考えの浅い人や不親切な人もいる。

▶ いつもよい結果を出せるとは限らない。

▶ 何かをしようとして苦労することもある。

とはいえ……いろいろなことを見落とすことはよくあります。それらに気づくことで，もっと**バランスの取れた役に立つ**ものの見方ができるようになるはずです。

 もっとバランスの取れた考え方を見つけるように努め，現実の状況を認めながらも，**うまく対応して気分を高められる**ようにしよう。

 シオリは校庭で，自分が強い不安を感じていることに気づきました。

▶ シオリは自分の心のなかを駆けめぐっている考えを**見つけ**ようと努力して，自分が次のように考えていることに気づきました。「誰もわたしに話しかけてくれない」「わたしはここにこうして，ひとりぼっちで立っているしかないんだ」「みんな，わたしのこと，負け犬だと思ってる」

▶ 次にシオリは自分の考えを**調べ**, 自分が**ダメなところを強調する**思考の罠にはまっていることに気づきました。学校でさまざまな友だちとおしゃべりしていることが何度もあったことを思い出すこともできました。また, 自分が**読心術師**のようになって, 周囲の人たちが自分を評価していると考えていることにも気づきました。校庭を見回してみると, 誰も彼女に関心はなく, 彼女がひとりぼっちでいることに気づいている人はほとんどいませんでした。

▶ シオリは自分のこの考え方を**見直しました**。すると, これまで**見落としていた**ことが見つかりました。校庭でひとりで立っていたのは, 約束していた友だちが遅れていて, まだ教室から出てきていないからだったのです。

▶ シオリは自分の考えを, もっとバランスの取れた役に立つものに**変えました**。「ここには友だちがいないから, マコトのところに行っておしゃべりでもしようっと」

こうしてシオリは, 現状（おしゃべりをする友だちがなかなか来ないこと）を認めながらも, うまく対応する（マコトのところに行っておしゃべりをする）ことができ, 気分をよくする（不安を減らす）ことができました。

このようにするのは, 最初, 難しいと思うかもしれません。でも, 心配は無用です。時間がかかることもあるでしょう。けれど, すればするほど, 考え方を見直して変えるのが上手になっていきます。

≫≫≫ ほかの人ならどういうだろう？

思考の罠にはまると, ものごとをそれ以外の方法でとらえるのは難しくなることがあります。もしそうなったら, **異なる観点から**それを見るようにすると役立ちます。

あなたにとって重要な存在である人物だったら, どういうだろう？

▶ 自分がこういう考え方をしていることを知ったら, 親友はなんというだろう？

▶ 自分がこういう考え方をしていることを知ったら, わたしの尊敬する人物（両親や先生）はなんというだろう？

　立場を入れ替え，自分が大切に思う人にどんな言葉をかけてあげるかを考えよう。

▶　もし親友がこういう考え方をしているのをきいたら，自分はどんな言葉をかけてあげるだろうか？

　タエコは目にいっぱい涙を浮かべていました。ストレスがたまっているのを感じました。大好きなテレビ番組を見ていたのに，実際に考えていたのは，学校の勉強のことでした。数学の宿題が理解できなくて，以下のような考えが心のなかを駆けめぐっているのに気づきました。

▶　「わたし，何をやっても，間違っちゃう」

▶　「試験，絶対に通らないわ」

▶　「今から勉強したって，間に合わない」

▶　「本当に，わたしって，なんてばかなんだろう」

**　タエコは自問しました。ほかの人は，なんていうだろう？**

▶　親友は，なんていうだろう？

　　「数学は自分の得意科目じゃないって，わかってるわよね？　でも，あなたは，これまで試験はいつだって合格点を取ってきたわ。それに，数学以外の科目ではトップグループにいるじゃない」

▶　数学の先生はなんていうだろう？

　　「この分野は，まだ取り組みはじめたばかりだから，もう少し時間をかけないと，本当に理解するのは無理だろうな」

▶　もし友だちが自分と同じように考えていたら，友だちにどんな言葉をかけるだろう？

　　「みんな，苦しんでるよ」「どうしたらいいか，誰にもわかってないわ」

　ほかの人がどういうだろうと考えたことで，タエコは自分の考えを見直し，大局的に状況を見ることができました。どう勉強を進めたらいいのかはまだわかっていませんが，自分がはまっている**思考の罠**を見つけて，それらを**見直す**ことができました。

▶　**ダメなところを強調していた。**今回の数学の宿題は難しいが，新しい分野のものであり，自分はばかではない。

▶　**ダメダメ色メガネ**をかけて状況を見ていた。数学以外の科目では，自分はトップグループにいる。

▶ **占い師**のようになっていた。今さら勉強をはじめても間に合わないと予測していた。

▶ **自分を責めて**，ばか呼ばわりをした。この宿題の内容はほかのみんなも理解できていないのだから，自分だけがこれを難しいと思っているわけではない。

状況を**異なる観点から**眺めるのは，案外簡単にできることもあり，そうすることで，自分の考えの見直しができるようになる。

>>> 心配に対応する

わたしたちは，ふと気づくと心配ばかりしていることがあります。考えの見直しやマインドフルネスをどれだけがんばっても，心配は何度でも湧き上がってきて，落ち着かなくなります。

わたしたちは実にさまざまなことを心配しますが，なかには，**なんらかの手が打てる**心配もあります。たとえば，次のようなものです。

▶ 寝坊が心配なら，目醒まし時計をセットするか，誰かに頼んでおこしてもらうとよい。

▶ 宿題のし忘れが心配なら，自分の携帯電話かノートに書いておくとよい。

▶ 太ることが心配なら，お菓子を減らしたり，食べる量を減らしたりするとよい。

どうすることもできない心配もたくさんあります。 その多くは，以下のように「もし……だったらどうしよう」の形を取ります。

▶「もしバスが衝突したら，どうしよう」

▶「もし癌だったら，どうしよう」

▶「もし母親が事故に遭ったら，どうしよう」

なぜ心配するのか？

　心配は役に立つこともあると考えられています。たとえば，以下のような場合です。

▶　問題を解明して，解決方法を見つける。

▶　意欲を高めて，いろいろなことをやり遂げられるようにする。

▶　想定しうるあらゆる結果に備える。

▶　ものごとが失敗しそうになるのを防いだり，悪い出来事がおきるのを阻止したりする。

▶　自分が大切に思っていることを表す。

実際，**自分ではどうしようもないことを心配しても，何がどうなるわけでもない**。おきるかもしれないイヤなことについて考えつづけるせいで，ますます不安が高まっていくだけだ。

心配をコントロールする

　心配のせいで行動が制限されはじめていることに，あなたは気づいているかもしれません。たとえば，以下のようなことをひどく心配している場合について，考えてみましょう。

▶　スクールバスの衝突を心配しすぎて，バス通学をやめるかもしれない。

▶　癌になるのを心配しすぎて，癌検診に通いつめるかもしれない。

▶　母親が事故に遭うのを心配するあまり，いつも一緒にいて，母親が大丈夫なことを確認したくなるかもしれない。

　今このような状況になっているとしたら，あなたは**心配に支配されています**。心配のせいで，気分が優れず，行動が制限されています。

心配に費やす時間を**制限しよう**。打つ手のある心配は**解決し**，どうしようもない心配は受け入れよう。

≫≫ 心配する時間を用意する

　1日中心配ばかりしているのをやめて，心配するための時間を15分間用意しましょう（たとえば，5:00〜5:15）。この15分間は，どんなことでも心配したいと思うことを，思う存分心配します。自分の都合のよい時刻を選んでかまいませんが，就寝間際はいけません。眠れなくなるかもしれませんから。

≫≫ 心配を遅らせる

　日中，心配が頭のなかを駆けめぐりつづけることもあるでしょう。そのような場合は，その心配を書き出しておき，心配に時間を浪費するのはやめましょう。のちほど，心配するために用意した時間に，好きなだけ心配してください。今は深呼吸を数回して，自分の周囲でおきていることに注意を集中させることです。

≫≫ 打つ手のある心配を解決する

　心配するための時間が来たら，自分の心配事リストをチェックします。いくつかの心配は，もう消えていることに気づくでしょう。残っているものについては，何かしら打つ手があるかどうかを調べます。打つ手のあるものなら，その心配に向き合い，自分にできることをしっかりやりましょう。6ステップの問題解決方法が役立ちます（第15章参照）。

≫≫ どうにもならない心配を受け入れる

　リストには，たぶん，自分にはどうにもならない「もし〜だったらどうしよう」という心配がたくさんあることでしょう。自分が心配性であること，いろいろな心配のなかには恐ろしいものもあること，未来に何がおきるかは知りえないことを，受け入れられるようになってください。今このときを生きるのです。未来のことを心配するのではなく，今ここを楽しみましょう。

役に立たない考えに気づいたら，それを「見つけて，調べ，見直して，変え」ましょう。

役に立たない自分の考えを，もしほかの誰かが聞いたらどういうか，考えましょう。あるいは，友だちが自分と同じ考え方をしているのを聞いたら，その友だちにどんな言葉をかけようと思うか，考えましょう。

心配に費やす時間を制限しましょう。何かしら打つ手のある心配は解決し，どうしようもない心配は受け入れることです。

考えを調べる

役に立たない考えが頻繁に心に浮かぶのに気づいたら，それらをチェックして，以下のような考えがほかにないかどうかを調べましょう。

▶ もっとバランスの取れた考え方で

▶ 現状を認めながらも

▶ 気分をよくしてくれて

▶ うまく対応するのに役立つもの

それを見つける──どんな考えが頭のなかを駆けめぐっている？　そう考えていると，気分がよくなり，いろいろなことをしようという気持ちになる？

それを調べる──どのような思考の罠にはまっている？　今の状況を，実際よりも悪くとらえていない？

それを見直す──その考えを支持する証拠，その考えを疑問視する証拠には，どんなものがある？何か見落としていることはない？

それを変える──ほかに，もっと役立つバランスの取れた考え方はない？

152

ほかの人ならどういうだろう?

役に立たない考えが心のなかを駆けめぐってくるのに気づいたら，それを見つけて，自分がそのように考えていることをほかの人が聞いたら，その人は自分にどういうだろうと，自問しましょう。

どのような考えが頭のなかを駆けめぐっている?

自分がこんなふうに考えているのを親友が聞いたら，その親友は自分にどういうだろう?

自分が尊敬している人（両親や先生）だったら，どういうだろう?

もし親友がこんなふうに考えているのを聞いたら，自分はその親友にどんな言葉をかけるだろう?

心配に対応する

　毎日，心配するための時間を用意して，心配に費やす時間を制限しましょう。日中に心に浮かんだ心配は書き留めておきます。

苦になっている心配。

　心配するための時間になったら，自分の心配を，何かしら打つ手のあるものと，どうにもならないものとに仕分けましょう。

今ここで何かしら打つ手のある心配。各心配の横に，どのような手を打つか，計画を書きましょう。

どうにもならない心配。

何かしら打つ手のある心配は解決し，
どうしようもない心配は受け入れましょう。

第12章 ◀ 中核的思いこみ

　考え方を変えるのは，必ずしも容易ではありません。役に立たない思考のなかには，非常にしぶとく強固なものもあります。見つけることはできても，なかなか見直すところまではできなかったり，ほかにも考え方があると信じることができなかったりします。

　頭のなかを駆けめぐる自動思考は，**中核的思いこみ**と呼ばれるきわめて強固な考え方が引きおこしています。中核的思いこみは長い時間をかけて発達するもので，その人の体験や重要な出来事によって形成されます。その思いこみの中身は，自分自身に対する見方，自分に対する他者の接し方，将来の出来事のとらえ方についてです。

▶ いつも両親に批判されていると，自分自身に対する見方として，「**自分はクズだ**」という中核的思いこみを形成するかもしれない。

▶ いつもいじめられたり，からかわれたりしていると，自分に対する他者の接し方として，「**人は自分をやっつけようとする**」という中核的思いこみを形成するかもしれない。

▶ トラウマになるような重大な出来事を経験したことがあると，将来の出来事のとらえ方として，「**何をしたって，うまくいきっこない**」という中核的思いこみを形成するかもしれない。

中核的思いこみ

　中核的思いこみは**非常に強固で柔軟性を欠く**考え方です。しばしば，以下のような，あらゆる状況に適用可能な簡潔で包括的な言い回しになります。

▶ 「自分はダメ人間だ」

▶ 「みんな，わたしよりまし」

▶ 「自分ひとりでうまく対処するなんて，無理」

155

サトコは学校がはじまったとき，友だちを作るのがすごく難しいことを思い知りました。仲間はずれにされ，悪口を言われ，からかわれ，服装を笑われたのです。彼女はこれにひどく動揺し，長い間ひとりで過ごしました。彼女が「みんな，わたしを嫌っている」というきわめて強い中核的思いこみを形成したのも当然です。

　その後，彼女は転校しました。新しい学校の子どもたちは優しくて，しきりに彼女を誘って一緒に遊ぼうとしてくれましたが，サトコは状況が変わったことをなかなか認めることができずにいました。彼女の中核的思いこみは非常に強固で，自分はみんなに嫌われていると信じつづけていたため，休み時間はみんなを避けて過ごしたのです。

▶ みんなと一緒にいるときは，**ダメダメ色メガネ**の思考の罠にはまり，どんなにささいなことであっても，自分が嫌われている気配を常に探していた。

▶ さまざまな状況について深く考えすぎてしまい，小さなダメなところを**強調して**，自分が非難されたりからかわれたりしている証拠にしていた。

▶ お出かけに誘われると，まるで**占い師**のように，自分はからかわれ，笑いものにされるだろうと予測した。

▶ おしゃべりをしているときは，まるで**読心術師**のように，「みんなはきっと自分のことを，つまらない話題しかない退屈な子だと思っている」と，よく考えていた。

　見回せば見回すほど，「自分は嫌われている」という中核的思いこみを強化する証拠が見つかりました。サトコはこの思いこみに疑問をもつことはまったくなく，状況が変わったことも認めませんでした。中核的思いこみの力があまりに強大で，彼女はそれを真実として受け入れたのです。

　中核的思いこみはきわめて強固で柔軟性を欠く考え方であり，その強さは**思考の罠**によって維持されている。わたしたちはその思いこみを**支持する証拠**を探し，それを**疑問視するものはすべて退ける。**

⟫⟫⟫ 中核的思いこみを見つける

　中核的思いこみは，必ずしも簡単に見つかるものではありません。以下のような自動思考に気づいたら，それを書き留めましょう。

▶ ひどく悩まされる

▶ きわめて強い反応を引きおこす

▶ 心のなかに何度も浮かび上がってくる

2〜3日これをつづけて，共通のパターンやテーマがないかを調べます。

 問題を引きおこす役に立たない考えに気づいたら，「**それって，どういうこと？**」と自問して，自分の中核的思いこみを見つけよう。こう自問しつづけると，最後には，問題の考えを引きおこしている中核的思いこみを見つけることができる。

 アユミは母親のことが何かと心配でたまりません。理由はわかりませんが，母親が車で出かけると，強烈なホットな考えが頭のなかを駆けめぐることに気づいていました。母親は運転が上手で，これまで事故をおこしたことはありませんが，アユミは心配しないではいられません。そこで，この考えを引きおこしている中核的思いこみを見つけるために，「**それって，どういうこと？**」と自問してみました。

母親が車で出かける。

「やだ，車で出かける必要，あるの？」

それって，どういうこと？……もしママが車で出かけたら，なんなの？

「事故に遭うかもしれない」

それって，どういうこと？……もしママが事故に遭ったら，なんなの？

「大けがをするかもしれない」

それって，どういうこと？……もしママが大けがをしたら，なんなの？

「入院することになるかもしれない」

それって，どういうこと？……もしママが入院したら，なんなの？

「わたしの面倒を見てくれる人がいなくなっちゃう」

それって，どういうこと？
……もし面倒を見てくれる人がいなくなっちゃったら，なんなの？

「ひとりじゃ，状況にうまく対処できない」

　アユミはこうして自問をつづけたことで，自分の心配していたのは母親の運転のことではなかったことを知りました。母親がいつも安全運転をしていることはわかっていたのです。本当に恐れていたのは，母親に何かあったら，自分ひとりで状況にうまく対処しなくてはならないということでした。
　「ひとりではうまく対処できない」という中核的思いこみのせいで，アユミは不安を感じていたのです。このことがわかったことで，なぜ自分がいつも，手助けしてくれる人が近くにいないと，いろいろするのを避けたり先送りしたりするのかを知ることができました。

　ジュンは，サッカーチームの正選手から外されて，ひどく腹を立てていました。無数の考えが頭のなかを駆けめぐっています。その考えに耳を傾ければ傾けるほど，怒りが強くなっていきます。そこで，何が自分のそんな考えを引きおこしているのかを調べることにしました。

ジュンはサッカーチームから外された。

「外されたのは，ぼくだけだ」

それって，どういうこと？
……もし外されたのが自分だけだったとしたら，なんなんだ？

「ぼくが一番外しやすいんだ。いつも，まずぼくだ。こんなの，不公平だ」

それって，どういうこと？
……もし自分がいつも最初に外されるとしたら，なんなんだ？

「誰もぼくのことなんか，気にしていないんだ」

それって，どういうこと？
……もし誰も自分のことを気にしていないとしたら，なんなんだ？

「ぼくにはなんの価値もないんだ」

　「自分にはなんの価値もない」という中核的思いこみのせいで，ジュンは腹を立てていたのです。ジュンは，周囲のみんなが不当にも自分をいじめたりからかったりしていることを示す証拠を，いつも探していました。今回の自問のおかげで，ジュンはなぜ自分がいつも人と口論して面倒に巻きこまれるのかを理解することができました。

自分の中核的思いこみを見きわめると，よく経験する感じ方や振る舞い方の一部を理解できるようになる。

中核的思いこみを見直す

　中核的思いこみはきわめて強固で，強い影響力をもっています。柔軟性を欠く包括的な考え方であり，その思いこみの内容は**常に真実だ**と信じられています。

▶ 自分には「**価値がない**」という中核的思いこみがあるなら，誰かに重んじられることは**絶対に**ないだろう。

▶ 「**みんな，わたしよりまし**」という中核的思いこみがあるなら，何をしようとも，ほかの誰かより秀でることは**けっして**ないだろう。

▶ 「**ひとりでは対処できない**」という中核的思いこみがあるなら，どんな挑戦にも**けっして**取り組めないだろう。

これは真実ではない。あなたは人に重んじられることもあれば，仲間の一部より秀でていることも，いろいろな挑戦にうまく対処できることもあるだろう。重要なのは，**中核的思いこみを制限する**方法を見つけることである。

>>> それはいつも正しい？

　中核的思いこみを制限するのに役立つ方法は，その思いこみが**必ずしも正しくない**ことを示す証拠を探すことです。自分の信じることに異を唱えるには，たとえどんなにささやかなこと，つまらないことに思えても，証拠を見つけなくてはなりません。

　自分には価値がないという思いこみがあるなら，一度でも自分自身や自分の考え，強み，スキルが人に高く評価されたことがある証拠を見つける必要があります。

▶ 誰かが自分に連絡を取ってきたり，助言を求めてきたりしたこと，誰かと一緒にひとときを過ごしたことはないだろうか？　そういうときがあったことに気づこう。もし自分に価値がないとしたら，相手はそのようなことをするだろうか？

　自分は誰よりも劣っているという思いこみがあるなら，よい結果を出したことがある証拠を見つけましょう。

▶ 自分がクラスの最下位ではなかったときのことに注目しよう。それはつまり，ほかの誰かより，ときにはよい結果を出している証拠になる。

　ひとりではうまく対処できないという思いこみがあるなら，なんとか挑戦できたことがあるという証拠を見つけなくてはなりません。

▶ 問題を解決できたときのことに注目しよう。難しいかもしれないが，うまく対処できるときはきっとある。

自分の中核的思いこみが**いつも正しいとは限らない**ことを示す証拠を，どんなささいなことでもかまわないので探し出し，その思いこみを制限しよう。

160

もしうまく変えられなかったら？

　中核的思いこみを変えるのには，時間がかかります。自分の思いこみは必ずしも正しくないという証拠を見つけても，自分が新たに気づいたことをそう簡単には信じられないかもしれません。中核的思いこみはきわめて強固で，強い影響力をもつため，見つけた証拠をつい拒絶したり忘れてしまったりするかもしれません。

　そういう場合には，**誰かと話してみる**といいでしょう。親友や尊敬している人と話をして，その人が自分と同じようにものごとをとらえているか，調べてみることです。考え方の見直しに手を貸してくれるかもしれません。見落としたり拒絶したりしていた新しい情報を教えてくれるかもしれませんし，自分では理解できなかったり信じられなかったりする事柄の重要性を明確にしてくれるかもしれません。

 自分の中核的思いこみを見直すのは難しいと思っているところへ，それらが必ずしも正しくないことを示す証拠が見つかったら，誰かと話をしてみましょう。自分とは違う考え方をしているかもしれません。

 　中核的思いこみは，強固で柔軟性を欠く考え方で，強い影響力をもっています。

　その強さは思考の罠によって維持されています。わたしたちはそうした思いこみを支持する証拠を探し，それらを疑問視するものはすべて退けます。

　「それって，どういうこと？」と自問を繰り返して，自分の中核的思いこみを見つけましょう。

　中核的思いこみを制限するには，それらが必ずしも正しくないことを示す証拠を見つけることです。

それって，どういうこと?

　ひどく苦になる考えや，頻繁に心に浮かんでくる考えに気づいたら，**それって，どういうこと?**と繰り返し自問して，その考えを発生させている思いこみを見つけましょう。

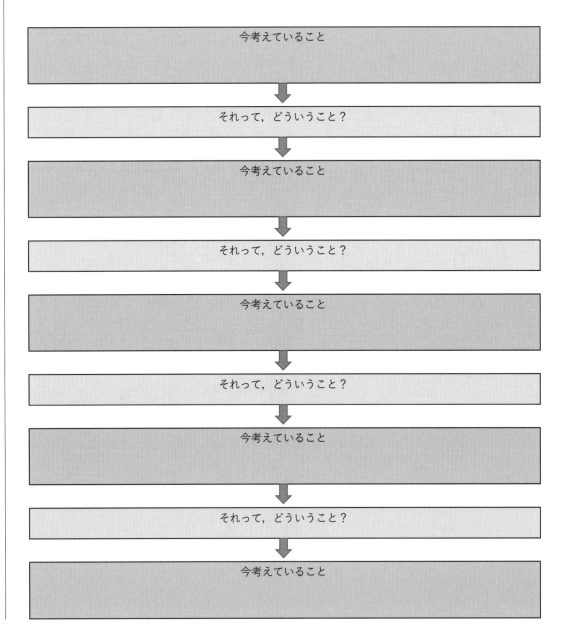

それはいつも正しい?

　自分の中核的思いこみを書き出し，それが必ずしも正しくないことを示す証拠を，どんなにさ
さいなことでもかまわないので，探しましょう。

わたしの中核的思いこみ

これが**必ずしも**正しくないことを示す証拠

わたしの思いこみ

自分の思いこみをいくらかでも見つけるために，以下の各項目をどれくらい信じているかについて，1〜10までの数字で示しましょう。

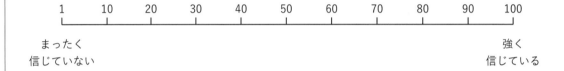

| 1 | 10 | 20 | 30 | 40 | 50 | 60 | 70 | 80 | 90 | 100 |

まったく
信じていない

強く
信じている

	思いこみの評価
何をするにしても，自分が他者より優っていることが重要だ	
みんな，わたしよりまし	
誰もわたしを愛してくれないし，大切にしてくれない	
わたしのすることには，必ず親や養育者が関わっていなくてはならない	
わたしには，自分の行動や発言に対する責任はない	
わたしはダメ人間だ	
わたしはほかの人より偉い／特別だ	
わたしが本当にいいたいことをいったら，みんな，不機嫌になったり動揺したりするだろう	
わたしは自分の気持ちを人に表してはいけない	
わたし自身の願いや考えより，他者の願いや考えを優先するほうが重要だ	
みんながわたしのことをやっつけようとして躍起になっている	
誰もわたしのことをわかってくれない	
わたしが大切に思っている人が，わたしのためにそばにいてくれることは絶対ない	
わたしは人に助けてもらわないと生きていけない	
わたしには，イヤなことがよくおきる	

164

第13章

どのような気持ちに なるかを理解する

あなたは毎日，さまざまな感情に気づいていることでしょう。たとえば，次のような**気持ち**になったことがあるかもしれません。

▶ 誰かが意地悪なことをいっているのをきくと，**悲しい**。

▶ 友だちとおしゃべりをしていると，**楽しい**。

▶ 人に批判されたら，**腹が立つ**。

▶ 初めてのことをしなくてはならないときには，**不安になる**。

▶ 音楽をきいていると**ゆったりした気分**になる。

感情は一日中，変化します。自分がどのような気持ちになるのかに気づいていないこともあるでしょう。感情は，ほんのかすかで長くはつづかないこともあれば，やたらに強烈で，いつまでもつづいて**行動の妨げになる**こともあるかもしれません。

▶ もし**悲しい**気持ちになっていたら，行動する**意欲を奮い立たせるのは難しい**こともある。

▶ もし**怒り**を感じていたら，問題を**解決するのは難しい**こともある。

▶ もし**不安**を感じていたら，心配の種は**避けるかもしれない**。

感情にすべてを支配されたままにしてはいけない。生活の主導権を取り戻さなくてはならない。どうしたら気分を改善できるようになるのかを学ばなくてはならない。

体からのサイン

　わたしたちは自分の感情を特定するのが必ずしも得意なわけではなく，「今，最悪かも」というようないい方ですべてをひとくくりにしてしまうこともあるでしょう。自分の感情に関する理解を深めるには，悲しみや不安や怒りを感じたときの体からのサインを見きわめるのも一法です。

▶ **悲しみ**を感じると，涙がこぼれる，疲れを感じる，カッとなりやすくなる，集中するのが難しくなるなどの体のサインに気づくかもしれない。食欲や睡眠に変化が生じたり，口数が減ったり，ひとりで過ごす時間が増えたりする可能性もある。

▶ **不安**を感じると，心臓がどきどきする，呼吸が速くなる，体が熱くなって汗ばむなどの体のサインに気づくかもしれない。体が震えたり，行動を先送りしたり，誰かに一緒にいてもらいたいと思ったりすることもあるだろう。

▶ **怒り**を感じると，体が熱くなる，顔が赤くなる，拳_{こぶし}を握り締める，心臓がどきどきするなどの体のサインに気づくかもしれない。叫び声を上げる，ののしる，口論する，地団駄を踏むといったこともあるかもしれない。

　感情は異なっても，体からの**サインは同一**なこともあります。以下はその例です。

▶ 怒りを感じても，不安を感じても，心臓がどきどきすることがある。

▶ 不安を感じても，悲しみを感じても，口数が減って引きこもることがある。

▶ 悲しみを感じても，怒りを感じても，イライラしたり，大声を上げたりするかもしれない。

　異なるさまざまな感情をもっとうまく特定できるように，各感情と結びついている**体のサインをすべて**見きわめるようにしよう。

感情

感情は，かなりでたらめに浮かんでくるように思われるかもしれませんが，いきなり生じるわけではありません。しばしば，理由があります。よく注意して出来事をチェックすると，感情は**行動**とつながっていることに，たぶん気づくでしょう。

▶ 家にいるとハッピーで，職場では悲しい気持ちになり，初めての場所に行くときには不安になるかもしれない。

▶ テレビを観ているときはゆったりした気分になり，宿題をしていると腹が立ってきて，泳ぎに行くときは心配になるかもしれない。

▶ 父親といるときは悲しくなり，親友と一緒にいると楽しくて，弟といるときは怒りが湧いてくるかもしれない。

感情は**考え方**ともつながっています。考え方のなかには，よい気分になる役に立つものもあれば，役に立たないものもあります。

▶ 「あの試合では，いいプレーができたぞ」，「この服，すごく似合ってる」と思えば，たぶんうきうきするだろう。

▶ 「今日のプレーは最悪だった」，「この服，全然似合ってない」と思えば，悲しくなったり腹が立ったりするだろう。

感情は**行動**および**考え方**とつながっている。

感情はどう変わる？

感情が1日を通してどう変わるのかを調べるには，感情日記をつけるといいでしょう。これには，やり方が二つあります。

▶ **強い感情に気づいた**ときに，自分がどう感じたか，そのとき何をしていたか，その場に誰がいたのか，そのとき何を考えていたかを書き留める。

▶ 毎日，**自分の感情をチェックする**というやり方もある。午前，午後，夜に自分がどういう気分かをチェックし，気づいた感情，そのときし

ていたこと，その場にいた人，見つけた考えがあればそれらをすべて，書き留める。

　週末になったら日記を読み返し，何かパターンが見つかるかどうかをチェックします。

▶ 最も頻繁に気づいた感情は？

▶ そうした感情が発生するきっかけとなる場所はある？

▶ そうした感情は，特定の人物──大勢の人，友だち，家族──のいるところで発生している？

▶ 感情と結びついている特定の考えはある？

日記をつけて，どのような場所や人や考えが自分の感情と関係しているのかを調べよう。

≫≫ どうしてわたしが？

　なんらかの感情がしつこくつづき，きわめて強くなると，抑うつ状態になったり，不安の問題を抱えたりするかもしれません。これは珍しいことではなく，若者の5人にひとりは，18歳以下で不安や抑うつ状態に苦しんでいます。

　抑うつ状態になったり不安になったりするのは実にいやなものです。ですから，そういう気分になったからといって，**自分を責めてはいけません。そうなりたくて，なったわけではないのです。**たまたまそうなっただけなのです。そうなった理由が一つしかないということは，あまりありません。**遺伝子**，自分の**人生**での出来事，**自分自身**など，さまざまなことが入り混じって，その状態が生じたのです。

遺伝子

　不安と抑うつ状態は遺伝します。両親のいずれかに抑うつ，もしくは，不安がある場合，それらの発症リスクを高める遺伝子を引き継いでいる可能性があります。ただ，これは小さなリスクであり，たとえ親に不安や抑うつの問題があったとしても，即，あなたもそうなるということではありません。

人生

　不安と抑うつ状態は，人生におけるさまざまな出来事が引き金になって生じる可能性があります。身近な人が亡くなる，トラウマになるような出来事に巻きこまれる，いじめに遭う，体調を崩す，両親の折り合いが悪い，引越しや転校が多いなど，人生にはいろいろな出来事がおきます。わたしたちは多くの変化にうまく対応していきますが，ときに，その負担が大きくなりすぎて，落ちこんだり不安になったりすることがあります。

自分自身

　世のなかには悲観的な人もいて，そういう人は先のことを心配し，人生の暗い面ばかりを見ます。このような考え方をしていると，心配や悲しみが募り，落ちこんで，不安や抑うつ状態になります。

自分がどうして抑うつ状態や不安状態になったのか，あなたはわかっていないかもしれない。**ありがたいことに**，その点は必ずしも問題ではない。人生への向き合い方を変えることで，**自ら気分をスッキリさせられるようになる。**

　体からのサインを理解することによって，自分の感情をうまく見きわめられるようになりえます。
　感情は，ただでたらめに発生するわけではありません。しばしば，自分の行動や考え方と結びついています。
　日記をつけると，自分の感情について，もっと深く調べられるようになります。自分の気持ちが理解できれば，それらをコントロールできるようになり，気分もよくなります。

落ちこんでいるとき

悲しいとき，動揺したとき，落ちこんだとき，どのような体のサインに気づきますか？

▶ 疲労感がある

▶ 食欲がなくなる

▶ やけ食いをする

▶ 泣く

▶ イライラして，短気になる

▶ いろいろなことをする気になれない

▶ なかなか寝つけない

▶ 朝早く目が醒める

▶ 集中できない

▶ 外出が減る

▶ 好きだったことや楽しんでいたことをしなくなる

▶ 自分を傷つけたくなる

ほかに何か気づいたサインは？

不安になっているとき

怯えているとき，ぎょっとしたとき，不安になったとき，どのよう体のサインに気づきますか？

▶　心臓がどきどきする

▶　息が切れる

▶　体が熱くなる，汗が噴き出す

▶　顔が赤くなる

▶　体が震える

▶　そわそわする，気分が悪くなる

▶　口が乾く

▶　頭が真っ白になる

▶　頭痛がする

▶　トイレに行きたくなる

▶　目まいがする，気を失いそうになる

ほかに何か気づいたサインは？

怒っているとき

　不機嫌なとき，怒っているとき，むきになっているとき，どのような体のサインに気づきますか？

▶　体が熱くなる，顔が赤くなる

▶　口論する

▶　声が大きくなる，叫ぶ

▶　ののしる言葉を使う，人を罵倒する

▶　拳を握り締める

▶　歯ぎしりする

▶　緊張する

▶　ものを投げる

▶　ドアをバンッと閉める

▶　人に食ってかかる，人を殴る，蹴る

▶　地団駄を踏む

ほかに何か気づいたサインは？

ほかの人も
自分と同じように感じるのだろうか?

　まるで自分だけがこんなふうに落ちこんだり，不安になったりしているのではないかと感じることがよくあるのではないでしょうか。これがどれだけありきたりなことかを調べましょう。

　以下の問いの答えが見つかるかどうか，インターネットで検索してください。

抑うつ状態に苦しんでいる若者はどれくらいいるだろう?

不安に苦しんでいる若者はどれくらいいるだろう?

抑うつ状態に苦しんだことのある有名人を3名見つけよう。

不安に苦しんだことのある有名人を3名見つけよう。

彼らはどのようにして自分の問題を克服したのだろう?

感情日記

　感情は，ただでたらめに発生するわけではありません。そこで日記をつけて，何がそうした感情を引きおこしているかを把握しましょう。強烈な感情に気づくたびに，以下を書いておきます。

▶　どう感じたか

▶　何をしていたか，誰がそこにいたか

▶　何を考えていたか

日　時	どう感じたか	何をしていたか，誰がそこにいたか	何を考えていたか

その感情は自分の行動や考え方と結びついていますか？

気分のモニタリング

　感情は1日中，変化します。気分をモニタリングすると，感情がどう変化し，どの時間帯が自分にとって最も厄介なのかがわかるようになります。

　その日の各時間帯に最も頻繁に気づいた感情を記録し，その強さを1〜10で表しましょう（1＝非常に弱い，10＝非常に強い）。

	起床時	午前中	昼食時	放課後	夕食までの時間	就寝時
月曜日						
火曜日						
水曜日						
木曜日						
金曜日						
土曜日						
日曜日						

特に厄介な曜日や時間帯がありますか？

◀第14章▶ 感情をコントロールする

感情はときに，きわめて強くなり，コントロールが難しくなることもあります。感情にすべてを支配され，本当にしたいと思っていることができなくなることもあるでしょう。

▶ 外出**したい**という気持ちがあっても，**ひどく落ちこんでいる**せいで，出かける気になれない。

▶ 友だちと一緒に**いたい**という気持ちがあっても，**あまりに腹が立っているせいで，結局言い争うことになり，もう誘ってもらえない。

▶ 友だちに電話を**かけたい**という気持ちがあっても。**不安が強すぎる**せいで，そうすることができない。

感情にすべてを支配されると，いろいろなことを**先送りしたり**，難しいことを**避けたり**，かつては楽しんでいたことを**しなくなったり**するかもしれない。結局，行動は減る一方で，その分，家にひとりでいる時間が増えていく。

感情に行動をコントロールさせておく必要はありません。 以下に紹介する方法をいくつか試し，感情のコントロールに役立つかどうか，見てみましょう。先入観をもたないようにして，どの方法が自分にとって効果的に働くか，調べてください。

⟫⟫⟫ リラックスするためのエクササイズ

数多くの有名人やアスリート，音楽家たちがリラックスするためのエクササイズを活用し，難題に挑む準備を整えています。リラックスするためには，体の主な筋肉群をそれぞれ緊張させたのちに，その緊張を解きます。**筋肉を緊張させることで，リラクセーションを促すのです。**

オーディオ・ガイドが数多く出ているので，そうしたものをききながら，筋肉の緊張と弛緩のプロセスをたどりましょう。オーディオ・ガイドがない場合は，以下の指示に従ってください。

邪魔の入らない時間を選び，暖かくて静かな場所を見つけてください。携帯電話は電源を切っておきます。床に横になるか，楽な姿勢で椅子に座りましょう。目を閉じたいと思うかもしれません。目は開けたままでいたいと思うのであれば，それでもかまいません。

▶ 各筋肉群は2回ずつ緊張させます。張りが感じられるくらいまで筋肉を緊張させますが，痛みが出るほどにはしないでください。

▶ まず，深呼吸を5回します。鼻からゆっくり息を吸い，口からゆっくり息を吐き出しましょう。

▶ 今度は，足に集中して，つま先を丸めます。ぎゅっとすぼめたまま1から5まで数えたら，力を抜きましょう。**緊張させているときと，力を抜いてリラックスしているときの違いに注目してください。**もう一度，つま先をすぼめます。

▶ つづいて，注意を足から脚に移します。つま先を膝のほうに向けてぐっと力を入れ，ふくらはぎを緊張させましょう。5まで数えたら力を抜き，緊張と弛緩の違いに注目してください。

▶ 脚の裏側を椅子や床に押しつけて，太ももを緊張させましょう。

▶ 次は，おなかです。おなかをへこませ，おへそを背骨に向けて押しこむようにして，おなかを緊張させます。

▶ 今度は，腕と手に集中します。手をぎゅっと握ってゲンコツを作ったまま，腕を肩に向けて折りましょう。

▶ 次は背中に力を入れます。左右の肩甲骨を近づけて，背骨をそらせましょう。5まで数えたら，力を抜き，緊張と弛緩の違いに注目します。

▶ その次は，首と肩に集中し，両肩を耳に近づけるように引き上げます。

▶ つづいて，注意を顔に移し，あごに力を入れます。歯を食いしばり，あご先を胸に近づけるつもりで，力を入れましょう。

▶ 最後に，顔にある残りの筋肉を緊張させます。目を閉じ，口を固く結んで，顔全体をすぼませましょう。

▶ 各筋肉を緩（ゆる）めるたびに，緊張が消えていく感覚に注目してください。

▶ 呼吸に注意を戻して，数分間，このリラックスした感じを楽しみましょう。

リラックスするためのエクササイズを日課にしよう。寝る前にやれば，よく眠れるようになるだろう。

 ## 短時間でできるリラクセーション

　ときには，各筋肉の緊張と弛緩を順に繰り返していく時間が取れないこともあるでしょう。これをもっと短時間でやるには，**主な筋肉群をそれぞれまとめて緊張させます。**

　筋肉を緊張させたら，5秒間その状態を保ち，そのあと息を吐き出しながら力を抜いていき，緊張が消えていく感覚に注目します。これを繰り返し，その後の穏やかで心地よい気分を，2～3分楽しみましょう。

- ▶ **腕と手**：拳を握り締め，両腕を肩の方に押します。
- ▶ **脚と足**：つま先を膝のほうに向け，静かに脚をもち上げて，まっすぐぐっと伸ばします。
- ▶ **おなか**：おなかをへこませます。
- ▶ **肩と首**：両肩を耳に近づけるように押し上げ，左右の肩甲骨を近づけます。
- ▶ **顔**：目をぎゅっと閉じ，口を固く結んで，あごに力を入れ，顔全体をすぼませます。
- ▶ 練習すればするほど，簡単にできるようになります。

毎日リラックスする時間を取ろう。日課にすれば，忘れずに練習することができる。

 ## 運動をする

　運動をすれば，自然な形で筋肉を緊張させ，弛緩させることができます。気分もよくなります。**運動をすると，脳は，気分をよくする化学物質を分泌します。**

　運動は，多くても少なくても，自分がしたいだけしてかまいません。ポイントは，体の緊張緩和に必要な程度の運動をすることです。自分が楽し

めるエクササイズを考えてください。たとえば，以下のようのものです。

▶ 水泳

▶ テニス

▶ サッカー

▶ バスケットボール

▶ ダンス

▶ トレーニング

▶ サイクリング

▶ ランニング

▶ ジョギング

▶ ウォーキング

▶ 部屋の掃除

 もしストレスを感じているなら，上に挙げた運動をいくつかして，リラクセーションを促そう。

 ### 4-5-6 呼吸法

人は不安になると，呼吸が変わり，当人もしばしばそれに気づきます。息が切れて，呼吸が浅くなり，速くなります。これは安全を守るための正常な反応の一つで，「闘争逃走反応」と呼ばれるものです。この反応がおきると，普段より多く酸素を取りこんで体に燃料を補給します。不安を引きおこしている脅威に対応する——逃走するか闘争する——必要があるからです。

呼吸をコントロールすることで，リラクセーションが促され，生活の主導権を取り戻せるようにもなります。

 以下は，呼吸をコントロールして落ち着くための方法で，手早く行なうことができます。簡単にでき，場所を選びません。何をしているのか，人に気づかれることもたぶんないでしょう。

▶ 鼻からゆっくり息を吸いながら，1から4まで数えます。

▶ 5秒間，息を止めます。

▶ 口からゆっくり息を吐き出しながら，1から**6**まで数えます。

▶ これを3回繰り返します。

呼吸の変化に気づいたり，ストレスを感じはじめたりしたら，4-5-6呼吸法を試そう。さっとできるので，毎日3〜4回，練習するようにしよう。

﹥﹥﹥ 心が落ち着くイメージ

想像力を働かせて，心が落ち着く特別な場所——リラックスでき，穏やかで満ち足りた気持ちになれるような場所——**を思い描きましょう。**

自分の特別な場所のイメージ創りには練習が必要です。ストレスを感じたら，心のなかのその場所に行って，ゆったりとくつろぎましょう。

▶ 心が落ち着く場所は，自分にとって特別に感じられる場所でなくてはなりません。実際に以前行ったことがあって，よい思い出が残っている場所でも，宇宙空間を漂っているような想像上の場所でもかまいません。

▶ 効果的なイメージを創るには，自分の心が落ち着く場所の写真を見つけたり，そういう場所の絵を描いたりするといいでしょう。

▶ 心のなかにそのイメージを思い浮かべる練習をし，できるだけリアルにするために，次の要素を取り入れましょう。

　　• **見える**もの——空や砂の色，岩の形など

　　• **きこえる**もの——海辺に打ち寄せる波の音，甲高いカモメの鳴き声など

　　• **肌に感じる**もの——髪をそっとなびかせる風，顔に降り注ぐ暖かな陽射しなど

　　• **鼻をくすぐる**もの——日焼け止めクリームのにおい，バーベキューが焼ける香りなど

　　• **舌に感じる**もの——しょっぱい海水など

▶ 自分の心が落ち着く場所を想像する練習をしましょう。不安やストレスを感じていることに気づいたら，心が落ち着くイメージを思い浮かべ，そこにいる自分を想像します。

緊張しているのを感じたら，心が落ち着く場所を思い浮かべ，その場所で心を鎮めてリラックスしているところを想像しよう。

頭を使うゲーム

お気づきかもしれませんが，不安になっているときや落ちこんでいるときには，普段より，自分の考えや体のサインに注目しやすくなっています。そして，注目すればするほど，それらは深刻になっていきます。

頭を使うゲームをすると，役に立たない考えや不快な感情から，**簡単に素早く気持ちをそらす**ことができます。心のなかの考えや体のサインではなく，自分の周囲で今進行していることに注意を集中させることができるようになるからです。頭を使うゲームは，以下に挙げたものなど，いろいろなやり方を工夫できます。

▶ あいうえお順に各文字がつく動物の名前をいう。

▶ 147から8ずつ引いていく。

▶ 家族の友だちの名前を逆向きにいう。

▶ 車のナンバープレートのひらがなを使って，単語を作る。

頭を使うゲームをすると，短期の安心を得られることもある。思考力を使い，できるだけ素早く回答しようと努力することがこのゲームの目的なので，それに見合った難しさのものを選ばなくてはならない。

感じ方を変える

わたしたちはしばしば，自分がどう感じているかに気づいていますが，何かをして，もっと気分をよくしようとはしません。まるで，感情が仕切り役で，わたしたちをコントロールしているかのようです。これはあるべき姿ではありません。気分を改善するためにできることはたくさんあります。

不快な感情に気づいたら，ただ我慢していてはいけません。それを変えましょう。何か気分がよくなることをして，それを変えるのです。

▶ **緊張を感じているなら，**何か**リラックス効果のあること**をしてみましょう。たとえば，ゆっくり入浴する，絵を描く，マッサージを受ける，好きな音楽をきく，読書する，など。

▶ **浮かない気分でいる**なら，何か**気分がスッキリすること**をしてみましょう。たとえば，お気に入りのお笑いを見る，マニュキュアを塗る，ケーキを焼く，ペットと遊ぶ，など。

▶ 怒りを感じているなら，何か**心が落ち着くこと**をしてみましょう。たとえば，ネットサーフィンをする，クッションやパンチバッグを殴る，テレビを見る，気泡シートをプチプチつぶす，散歩する，など。

> 感じ方を変えるのに役立つことをリストにしておくと重宝する。リストがあれば，みじめになったとき，腹が立ったとき，不安になったときに，役立つものをすぐ思い出すことができる。

自分を落ち着かせる

　わたしたちはときどき，いろいろなことで自分を責めたり責任を感じたりして落ちこみ，理由が理由だから落ちこんで当然だと考えます。でも，本当に落ちこんで当然でしょうか？　とんでもない，わたしたちは自分にもっと優しくしなくてはいけません。自分を大切にし，**自分を落ち着かせて元気づける方法を見つけて**ください。

　自分を落ち着かせるには，自分が楽しいと思うことで五感を刺激するというやり方があります。自分が今していることにしっかり集中し，心がどこかにさまよい出ていかないようにしましょう。そのにおいをかぐのも，それに触れるのも，それを味わうのも，見るのも，きくのも，まるで初めてだというふりをします。自分には何が効果的に働くのか，何が自分の五感を刺激するのかを見つけてください。

▶ **嗅覚**——お気に入りの香水，石けん，入れたてのコーヒー，香りつきのキャンドル

▶ **触覚**——すべすべの石，手触りの柔らかなおもちゃ，絹織物，温かいお風呂

▶ **味覚**——グミ，とろけるマシュマロ，強烈なミント，すっきりした味のリンゴ，味の濃いオレンジ

▶ **視覚**——思わず笑顔になる絵画や引用句，水槽の観察，空を流れていく雲

▶ **聴覚**——お気に入りの音楽，鳥のさえずり，風にそよぐ木々の音

心を鎮めてくれるものをいくつか特定できたら，まとめておこう。必要なときにすぐ使える方法の入った「心を鎮める道具箱」が手に入る。

 ### 誰かに話してみる

わたしたちはよく，他者が原因で落ちこんだり不幸になったりしますが，他者のおかげで気分がよくなることもあります。

落ちこんだり，不安になったりしたら，ひとりで座りこんでいてはいけません。そんなことをしていれば，おそらく，ふと気づけば過去の出来事を何度も思い返していたり，将来の出来事を心配していたりすることになるでしょう。代わりに，以下について考えましょう。

▶ **誰となら，話ができるだろうか？** 誰と話したら，気分がスッキリするだろう？

▶ **その相手に何を話したいのか？** 今感じていることを話したいのか？ それとも，別のことについて話したいのか？

▶ **その相手に何をしてもらいたいのか？** 話をきいてくれる人が必要なのか？ ハグしてくれる人，あるいは，問題の整理を手伝ってくれる人が必要なのか？ 自分がしてほしいと思っていることを，その相手に伝えなくてはならない。

▶ **その相手とどのように連絡を取るのか？** 直接会うのか，電話をするのか，ショートメールもしくはeメールを送るのか，ソーシャル・メディアを利用するのか？ そうした手はずを整えなくてはならない。

▶ **いつその相手と連絡を取るのか？** できるだけ早く連絡を取り，気分の改善に取りかかれるようにしよう。

落ちこんだり，つらくなったりしたときに連絡を取れる人を一覧表にして，「スッキリ気分の助っ人」リストを作ろう。

イヤな気分になったとき，そのままそれを我慢していてはいけません。気分をよくするために何かしましょう。

　自分の感情を管理するための道具箱を用意しましょう。

　ここで紹介した方法が常に効果的に働くとは限りませんが，練習すればするほど，効果を発揮するようになっていきます。

リラックス日記

　強い不快な感情に気づいたら，リラックスできるエクササイズを，少しでもするようにしましょう。エクササイズの前後に，感情の強さを1から100で評価してください。

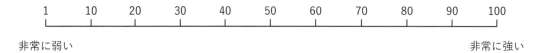

非常に弱い　　　　　　　　　　　　　　　　　　　　　　　　　　　　　　非常に強い

日　時	エクササイズ前の 感情の程度 （1～100）	気分を変えるために したこと	エクササイズ後の 感情の程度 （1～100）

気分の改善に役立つ活動

　体を動かす活動は気分の改善に役立ちます。ストレスやつらさ，怒りを感じたら，体を動かしてみて，それが効果的に働くかどうかを調べましょう。どんな活動なら，効果がありそうですか？

どんなスポーツを楽しいと思いますか？　水泳，テニス，サッカー，バスケットボールなど。

体を動かす活動では，どんなものを楽しいと思いますか？　ダンス，トレーニング，サイクリング，ランニング，ジョギングなど。

体を動かすその他の活動で，楽しいと思うことはありますか？　散歩，芝刈り，買い物など。

心が落ち着く場所

　不安を感じたり，緊張したりしたとき，心が落ち着く場所を思い描き，そこで平静さを取り戻しましょう。思い描くのは，実際にある場所でも，夢のなかで創り出した場所でもかまいません。

▶ ここなら心が落ち着くと思う場所の絵を描くか，そういう場所の写真を見つけるかしよう。

▶ 邪魔の入らない静かな時間を選び，携帯電話の電源は切っておく。

▶ 目を閉じて，心が落ち着く場所を思い描く。

▶ できるかぎり細かい部分まで思い描く。

▶ 色や形や大きさを，細かくチェックする。

▶ きこえてくる音があれば，そのすべてに耳を澄ます。

▶ 漂ってくるにおいがあれば，そのすべてを逃さないようにする。

▶ 味わえる味があれば，そのすべてを楽しむ。

▶ 顔に降り注ぐ暖かな陽射しなど，心地よい感覚があれば，そのすべてに注目する。

▶ この時点で自分がどれだけリラックスできたかに気づこう。

この感覚を楽しみ，必要だと思ったときにはいつでも，この場所に戻りましょう。

練習すればするほど，心が落ち着く場所を楽に思い描けるようになり，
心が鎮まるのも速くなります。

感じ方を変える

　不快な気分になったら，何か自分が楽しんでいることで，気分をスッキリさせてくれることをして，感じ方を変えましょう。どのようなことをしたら，気分がよくなりますか？

どのようなことをしたら，のんびりした気分になりますか？　ゆっくり入浴する，絵を描く，お気に入りの音楽をきく，読書するなど。

どのようなことをしたら，幸せな気分になりますか？　お気に入りのお笑いを見る，マニュキュアを塗る，ケーキを焼く，ペットと遊ぶなど。

どのようなことをしたら，穏やかな気分になりますか？　ネットサーフィンをする，楽器を演奏する，テレビを見る，散歩するなど。

心を鎮める道具箱

　五感の各感覚を楽しませるものを入れた「心を鎮める道具箱」を作りましょう。自分が楽しめるものを特定できたら，それらをまとめておきます。そうすれば，必要になったとき，すぐに使うことができます。

どのような**におい**が落ち着きますか？　香水，石けん，スパイス，コーヒー，香りつきのキャンドルなど。

どのような**感触**が落ち着きますか？　すべすべの石，手触りの柔らかなおもちゃ，絹織物，温かいお風呂。

どのような**味**が落ち着きますか？　グミ，強烈なミント，すっきりした味のリンゴ，味の濃いオレンジなど。

どのようなものを**見る**と落ち着きますか？　絵画や引用句，水槽，雲など。

どのようなものを**きく**と落ち着きますか？　音楽，鳥のさえずり，風にそよぐ木々など。

誰かに話してみる

　スッキリした気分になるために自分でできることはたくさんありますが，ときには誰かに話してみるのも役に立ちます。

誰となら，話ができそうですか？

その相手に何を話したいと思いますか？

その相手に何をしてもらいたいと思いますか？

その相手とどのように連絡を取りますか？

その相手といつ連絡を取りますか？

◀第15章▶ 問題を解決する

　わたしたちは毎日たくさんの難題に向き合います。そして，そこで，どう行動するかを決断しなくてはなりません。

▶ からかわれたら，その場を去ることもできれば，やり返すこともできる。

▶ 指導教員に「静かにするように」といわれたら，いわれたとおりにすることもできれば，おしゃべりをしつづけることもできる。

▶ 友だちに秘密を打ち明けられたら，内緒にしておくこともできれば，ほかの人に話すこともできる。

▶ 親から家事を手伝うようにといわれたら，いわれたとおりに手伝うこともできれば，先送りにすることもできる。

　決断するのがとても**簡単な**場合もあります。そういうケースでは，選択肢が**ほとんどない**ことが多く，将来何がおきるのかが非常に**はっきりして**います。

▶ おしゃべりをやめるのか，つづけるのか。もしつづければ，その場から出ていけといわれるかもしれない。

▶ 家事を手伝うのか，手伝わないのか。手伝わなければ，お小遣いを止められるかもしれない。

　こみ入った事情の決断を下さなくてはならないこともあります。**回答は一つだけではない**というような場合です。

▶ からかいを無視すれば，さらにひどくからかわれるようになるかもしれないが，先生に報告すれば，いじめっ子たちは怒って，自分を脅すようになるかもしれない。

▶ きいた秘密を他者に話せば，打ち明けた友だちを守ってあげることはできるかもしれないが，友だちとは仲たがいして，二度と信頼されることはないかもしれない。

どのような決断を下そうとも，いったん決断を下せば，**自分にも関係者にもその影響が及ぶ**ことになります。

▶ からかいを報告すれば，からかわれることがなくなり，気分はよくなるかもしれない。いじめっ子たちは問題になり，退学になるかもしれない。

短期的に見た場合と長期的に見た場合で，異なる結果がもたらされることもあるでしょう。

▶ きいた秘密を他者に話せば，打ち明けた友だちはもう話しかけてこなくなるかもしれない。その後，ときを経て，友だちはあなたのしたことが助けになったことを知り，友だち関係が復活するかもしれない。

決断を下すときは，必ず熟慮し，どのような結果になるかについて，はっきり把握しておかなくてはならない。

問題はなぜ発生する？

わたしたちは問題をおこそうと思っておこしているわけではありません。わたしたちが下す決断が，問題を発生させているのです。その発生の仕方はさまざまです。

決断を先送りする
決断を下すのは，困難なこともあります。先送りしたり無視したりして，問題が消えてくれることを期待するのかもしれません。残念ながら，難題やいざこざが消えることはありません。問題は何度でももち上がり，次第に大きくなっていくこともあります。そうなると，わたしたちはすっかり参ってしまいます。

決断を早まる

状況をじっくり考えないせいで，よい決断が下せないこともあります。仕返しのつもりで，自分をからかっている相手を殴ることもあるでしょう。殴って立ち去るときにはスッキリした気分になるかもしれませんが，あとになって退学になる可能性もあります。

感情に振り回される

感情に阻まれて，結果をしっかり考えなくなることもあります。先生から静かにするように注意されると，先生は自分に目をつけていると思うかもしれません。それに腹を立て，怒りの感情に飲みこまれると，大声を上げて乱暴な口をきき，問題を大きくする可能性もあります。

手軽に下せる決断はない

こみ入った事情の決断を下さなくてはならないこともあります。友だちから秘密を打ち明けられ，その友だちが何か危険なことをしようとしていることがわかったというような場合です。いくら秘密だといわれても，あなたは友だちの安全を心配して，その秘密を別の人に話してしまうかもしれませんが，友だちは怒る可能性があります。

いつも同じやり方をする

考え方に柔軟性がなくなると，行動の取り方が同じになります。うまくいっているときは，これで大丈夫です。何度も同じ過ちを繰り返すようになると，問題が発生します。

〉〉〉 問題を解決する

問題を解決する方法は，難題や問題との取り組み方を決断するのに役立ちます。ここで紹介する方法には，以下の6ステップがあります。

▶ 立ち止まる。どのような決断を下す必要があるのか？

▶ どのような選択肢があるのか？

▶ 自分の選択によってどのような結果が生じるのか？

▶ すべてを考慮してみて，どうすることにするのか？

▶ 実行する

▶ 効果はあったか？

立ち止まる。どのような決断を下す必要があるのか？

　最初のステップは，自分の問題と，どのような決断を下す必要があるのかをはっきりさせることです。具体的でなくてはなりません。「人生」であれ何であれ，難題のように思うかもしれませんが，何をする必要があるのかは，がんばって明確にしましょう。そうすることで，前のめりになることが防止され，強い感情が収まっていく余裕が生まれ，冷静になって考えられるようになります。

どのような選択肢があるのか？

　次のステップでは，決断できそうなことをすべて探っていきます。こうすることで，さまざまな行動の取り方を考えられるようになり，これまでと同じ過ちをしないで済むようになります。

　いろいろなアイディアを引き出すのに役立つのは，シンプルな質問を自問しつづける方法です。「……できるだろうか？　**あるいは**……できるだろうか？　**あるいは**……できるだろうか？　**あるいは**……できるだろうか？」と自分に問いかけつづけ，アイディアをできるだけたくさん考え出すようにしましょう。

自分の選択によってどのような結果が生じるのか？

　それぞれのアイディアを実行した場合の結果を調べます。直後に得られる結果と，時間が経ってから得られる結果について考えましょう。自分にもたらされる結果と，関係する他者にもたらされる結果についても考えます。こうすることで，簡単には下せない複雑な決断について，じっくり考えることができるようになります。

すべてを考慮してみて，どうすることにするのか？

　各決断を下した場合の結果を調べ終わったら，自分の取る行動を決定します。すべてを考慮してみて，どの決断がベストだと思いますか？

効果はあったか？

　この最終ステップが重要です。これと同じ決断をまた下そうと思うかどうかを自問します。よい決断でしたか？　そうでなかった場合，次は，ほかにどのような決断を下そうと思いますか？

ヒントを一言

決断は，急ぎすぎても，先送りしてもいけない。上記の6ステップを活用して，問題を解決するのに最適な決断を下すようにしよう。

リクトはしょっちゅう両親と口論していました。彼は音楽を大音量でききたいのに，両親は音量を下げろといつもうるさく文句をいってきたからです。リクトは両親の言葉を無視しつづけ，その状態が数週間つづいていました。ところが昨日，リクトと父親の口論が激しくなり，危うく取っ組み合いになるところでした。リクトはそんなふうになることを望んでいたわけではないので，何か別の行動を取らなくてはいけないと判断しました。

立ち止まる。どのような決断を下す必要があるのか？

リクトは父親と取っ組み合いしたいとまでは思っていませんでした。もしこのまま彼が大音量で音楽をかけつづけたら，同じような事態がもっと頻繁におきるようになりそうです。リクトは音楽を聴くのをやめたくはなかったので，口論しないで音楽を聴く方法をなんとしても考え出さなくてはなりませんでした。

どのような選択肢があるのか？

リクトはまだ，かなり腹を立てていたため，最初は，方法を一つしか思いつきませんでした。音量は変えずに，部屋のドアに鍵をかけて，父親が入ってこられないようにするというやり方でした。こんなことをすれば，事態が悪化するだけなのはわかっていましたが，まだ腹の虫が収まりません。そこで，なんとかがんばって，別の方法を考えてみました。

▶ 音量は変えずに，部屋のドアに鍵をかけて，父親が入ってこられないようにする。

あるいは

▶ 音量を絞る。

あるいは

▶ 両親が外出しているときは大音量で聴き，両親が在宅しているときは音量を絞る。

あるいは

▶ ヘッドフォンを買う。

自分の選択によってどのような結果が生じるのか？

▶ 音量は変えずに，部屋のドアに鍵をかけておけば，音楽を楽しめるし，気分もよくなります。けれども，リクトは心配もしていました。父親をさらに怒らせて，取っ組み合いになりそうなことがわかっていたのです。たとえそうはならなくても，両親は自分の音響装置を取り上げてしまうんじゃないかと考え，それだけは勘弁してほしいと思いました。

▶ 音量を絞れば，両親は満足でしょうが，リクトはちっとも楽しくありません。自分のききたい音楽の響きは台無しになるだろうと思いました。

▶ 両親の外出中は大音量で聴き，両親の在宅中は音量を絞れば，口論は減るでしょう。この方法をよく考えてみると，自分の在宅中は両親もたいてい在宅していることがわかってきました。大音量で音楽をきける機会はほとんどなさそうです。

▶ もしリクトにヘッドフォンがあれば，両親も満足だし，自分も好きなときに好きな音量で音楽を楽しめます。ただし，彼にはヘッドフォンを買うお金がありませんでした。

すべてを考慮してみて，どうすることにするのか？

　今回のことをじっくり考えてみた結果，もしこのまま大音量で音楽を聴きつづければ両親との口論がやむことはないと判断しました。音量を絞って聴くのは，リクトにとって意味がありません。でも，ヘッドフォンがあれば，音楽を楽しみつづけることができます。これなら，双方が満足できる解決方法で，みんながハッピーになるだろうと思いました。

実行する

　リクトは両親と話し合うことにしました。話し合いに入る前に，自分が落ち着いていることを確認しました。口論で終わりたくなかったからです。

　リクトは両親に，昨夜は抑えが利かなくなってしまったけれど，同じことを繰り返したくはないと思っていることを伝えました。そして，ヘッドフォンを使う件について話し，買ってもらえるかどうかを訊ねました。父親はまだ怒っていて，「こっちの頼みはすべて無視されているのに，なぜこっちがお金を出さなくてはならないんだ？」といいました。

　リクトは父親がそうくるかもしれないと想定していたので，妥協案を出しました。次の2週間は低音量で音楽をきくので，引き換えに，ヘッドフォンを買うお金を貸してもらえないだろうかと頼んだのです。

効果はあったか？

　その晩，リクトは音楽をかけませんでした。翌日，再び頼むと，両親は，次の2週間音楽がやかましくなかったらヘッドフォンのお金を貸そうといってくれました。

　リクトはなんとか約束を実行し，ヘッドフォンを手に入れました。さらに重要なのは，リクトと父親の口論がほとんどなくなり，ふたりの関係が改善しはじめたということでした。

小さなステップに分ける

　ときには，**問題や難題が大きすぎるように思われる**こともあります。何をしなくてはならないかはわかっていても，問題が難しすぎて，一気に取り組んで結果を出すのは無理だと感じるのです。

　こういうときは，**難題を小さなステップに分ける**というやり方が役に立ちます。マラソンをしたいと思ったら，いきなり42.195キロを走ろうとはしないでしょう。まず短い距離から走りはじめるはずです。全行程を走り切ることができるようになるまで，時間をかけて距離を延ばしていくことでしょう。

 難題は**小さなステップ**に分けよう。いっときに1ステップ取り組むほうが楽だろうし，よい結果も出しやすいだろう。

　難題を小さなステップに分けるときは，以下のようにします。

▶ ページの一番上に**何をしたいか**（達成目標）を書き，最下段に，今の状況を書く。

▶ 現状から目標達成までに**取りうるステップ**をいくつか考え，それらを付箋か紙の小片に書く。

▶ ステップの数は自分次第であり，必要に応じて多くても少なくてもかまわないが，必ず**各ステップは大きすぎない**ようにする。

▶ 各ステップに，1（まったく難しくない）から10（きわめて難しい）までの数字で**難易度**をつける。

▶ 最後に，**難易度順にステップ**を並べる。最も取り組みやすい最初のステップを何にするかを決め，それをステップ1として，それにつづくステップを順に決めていく。

 　ハナは大学生活をスタートさせる前に面接を受けに行かなくてはなりませんでした。これまで面接を受けたことがなかったし，大学まで行ったこともなかったので，ひとりでたどり着けるのか，自信がありませんでした。ハナには，これがひどく大変なことに思われて，これまで2回あった面接には行きませんでした。もし来期，大学に行きたいなら，これが最後のチャンスでした。そこで，ハナは自分の問題を小さなステップに分けることにしました。課題を小さなステップに分ければ，自分にもなんとか対処できそうに思えたのです。

ステップ	課　題	難易度　1-10
ステップ6	達成目標——大学に面接を受けに行く	9.5
ステップ5	担任教師と模擬面接を行なう	7
ステップ4	担任教師とともに学科長に会い，いろいろ見学する	5
ステップ3	担任教師に頼んで，大学との面接を設定してもらう	4
ステップ2	バスで大学まで行き，所要時間を調べる	2.5
ステップ1	大学まで行くバスの時刻を調べる	1
現状	大学まで行ったことがない	

 難題が大きすぎると感じたら，それを小さなステップに分けてみよう。

　　　決断は，先送りしたり，急ぎすぎたりしないようにしましょう。問題を解決する方法を活用して，何をすべきかを決定できるようにしましょう。

ステップ1：どのような決断を下す必要があるのか？

ステップ2：どのような選択肢があるのか？

ステップ3：自分の選択によってどのような結果が生じるのか？

ステップ4：すべてを考慮してみて，どうすることにするのか？

ステップ5：実行する

ステップ6：効果はあったか？

　　難題が大きすぎると感じたら，それを小さなステップに分けましょう。そうすれば，よい結果を出せるようになります。

問題を解決する

　大きな決断，もしくは，難しい決断を下さなくてはならない場合は，以下の6ステップを活用して，自分のすることを決定できるようになりましょう。

立ち止まる。どのような決断を下す必要があるのか？

どのような選択肢があるのか？

1.　　　　　　　　　　　　　　　　　　　あるいは

2.　　　　　　　　　　　　　　　　　　　あるいは

3.　　　　　　　　　　　　　　　　　　　あるいは

4.　　　　　　　　　　　　　　　　　　　あるいは

5.　　　　　　　　　　　　　　　　　　　あるいは

自分の選択によってどのような結果が生じるのか？　自分や他者に，短期的・長期的に生じる結果は？

1.

2.

3.

4.

5.

すべてを考慮してみて，どうすることにするのか？

効果はあったか？　次に別のやり方をするとしたら，どのようにする？

小さなステップに分ける

　難題が大きすぎると感じたら，それを小さなステップに分けましょう。使うステップの数は，必要に応じて決めてください。各ステップの難易度を，1（それほど難しくない）から10（きわめて難しい）で評価します。最も簡単なステップから順に，達成目標に向かって取り組んでいきます。

何をしたいか（達成目標）	難易度
ステップ8	
ステップ7	
ステップ6	
ステップ5	
ステップ4	
ステップ3	
ステップ2	
ステップ1	
現状	

◀第16章▶ よく調べる

　わたしたちの頭のなかでは，さまざまな考えが絶えず駆けめぐっています。わたしたちはその考えに頻繁に耳を傾け，それを本当のこととしてあっさり受け入れ，立ち止まってそれを疑問視したり見直ししたりすることはめったにありません。

　そこで，自分の考えをじっくり探るために，以下のようにして**考えをチェック**しましょう。

▶ **見つける**──不快感の原因になっている考えや，行動の妨げになっている考えを見つける。

▶ **調べる**──思考の罠にはまっていないかどうかを調べる。状況を実際よりも悪くとらえていないだろうか？

▶ **見直す**──今考えていることを見直すために，その考えを支持する証拠と反証を探す。見落としている肯定的なことはないだろうか？

▶ **変える**──自分の考え方を，もっとバランスの取れたものに変えることで，気分をスッキリさせ，よい結果を出せるようにする。

考えを見直すのが難しいと感じたら，自分の思いこみと予測を**よく調べましょう**。科学者になったつもりで実験を行ない，実際には何がおきているのかを調べるのです。

⋙ 行動実験

　行動実験は，自分の予測や考えが**常に**正しいかどうかを**検証し**，もし**別の行動**を取ったら何がおきるのかを**明らかにする**のに役立ちます。自分自身を論理的に説得するというよりも，**何がおきるのかを正確に調べる**ために実験を行ないます。

実験を行なうと，考えにある程度の制限をかけられる上に，問題の出来事を別の考え方で理解するための新情報を見つけることもできるようになる。

　実験は，以下の6ステップを踏んで進めていきます。

ステップ1：どのような考えや予測を検証したいのか？

　最もよくきこえてくる否定的な思いこみや予測で，それがきこえると実に不快になり，行動が妨げられるというものを見つけましょう。以下はその例です。

▶ 「自分は誰からも，一緒に行動しようと誘ってもらえない」

▶ 「自分はダメ人間だ」

　見つかったら，それを書き出し，1（まったく信じていない）から100（きわめて強く信じている）までの数字で，それをどれだけ強く信じているかを評価します。

ステップ2：この考えを検証するために，どのような実験ができるだろう？

　自分の考えや予測がいつもその通りになるかどうかを調べるために，自分にできると思う実験を考えましょう。

▶ もし「誰も自分には電話をくれない」と考えているとしたら，この先の一週間，テキストメールやeメール，電話，フェイスブックのヒット数，誘いについて，日誌に記録するという方法がある。

▶ もし自分は「ダメ人間だ」と考えているとしたら，このあともらう学校の課題の評価を五つ，日誌に記録してもよいだろう。

　必ず，問題なく実験できるときを選んで，実験を行なってください。

▶ 自分の携帯電話やパソコンが正常に機能しないときに，電話の有無を調べるのはまずいだろう。

▶ 一つのテーマに関する課題がたくさんあるときは，別のテーマの課題が複数出るときまで待ったほうがよいかもしれない。

ステップ3：どのようなことがおきると思うか？

もし自分の考えが真実なら，どのようなことがおきると思いますか？　自分の予測もしくは先入観を書き出します。

▶ もし「**誰も電話をくれない**」と考えているとしたら，この先の一週間，テキストメールやeメール，電話，フェイスブックのヒット，誘いは何もないと予測しているのかもしれない。

▶ もし自分は「**ダメ人間だ**」と考えているとしたら，このあともらう五つの課題の評価は，合格ぎりぎりのD評価もしくはそれ以下だと考えているのかもしれない。

ステップ4：実際にはどうなったか？

実験を進めて，**実際におきたこと**を書いてください。これはとても重要なことです。忘れたり見落としたりすることがあってはいけません。

ステップ5：何がわかったか？

自分の予測（ステップ3）と実際におきたこと（ステップ4）を比較しましょう。以下は，その例です。

▶ メッセージは何もないと予測していたが，友だちのノリトからメールが3通届いた。

▶ D評価かそれ以下だと予測していた。確かに二つは落としたが，二つはぎりぎりDで合格し，運動の評価はBだった。

さて，この実験で何がわかりましたか？

▶ 状況を，**実際よりも悪く**予測しがち？

▶ 自分の考えは常に正しい？　それとも，状況はときに，考えていたものとは異なっている？

▶ 実際におきたことを**説明できる**別の考え方はある？

　▶ 「電話はそんなにかかってこないけど，ノリトはずっと連絡を取ってくれている」

　▶ 「学科では苦労しているけど，運動はけっこうがんばっている」

ステップ6：この実験で，思いこみや予測は変わったか？

実験を終えてみて，ステップ1で書いた考えや予測を，現時点でどれくらい信じているかを，1から100までの数字で示しましょう。実験をしたからといって，大きく変化することはないかもしれません。というのも，こうした考え方はきわめて強固で，簡単には変わらない可能性があるからです。実際におきたことも，つい退けてしまうかもしれません。

▶ 「今週は，確かによかった。でも，ノリトは普段，メールはくれないんだ」

▶ 「サッカーは好きだよ，でも，ほかのスポーツは全然ダメなんだ」

もしこんなふうだったら，別の実験をして，もう一度じっくり調べましょう。

▶ さらに2週間，連絡日記をつけつづける。

▶ このあと，さらに10課題の評価を記録する。

>>> 心を開いて好奇心をもつ

どのようなことがおきても，実験をすれば，どうしたら状況が変わりうるかに気づけるようになります。

▶ 誰からも連絡がないことに気づくかもしれない。もしそういう状況なら，自分自身がもっと活動的になる必要があるのだろう。誰かが連絡をくれるのを待つのではなく，別の行動を取ってみよう。誰となら，連絡を取ることができるのかを考え，連絡の方法も考えよう。

▶ 次の5課題の評価も悪いことに気づくかもしれない。もしそういう状況なら，成績アップに必要な手助けについて教科の先生と話をしたり，ほかに結果を出せる分野がないかを調べたりする必要があるだろう。

マイは人と話しているとひどく不安になるため，しばしば交流の場を避けていました。先日も，あるパーティへの誘いを受け，行こうかどうしようかと悩んでいます。それはみんなが楽しみにしていたパーティだったので，マイは一つ実験をして，自分の不安を調べることにしました。

ステップ1：どのような考えや予測を検証したいのか？

マイは，パーティに行っても「**自分は誰にも話しかけてもらえず，ひとりポツンと取り残されるだろう**」と予測しました。彼女はこれを強く信じ

ていて，評価は，85/100でした。

ステップ2：この考えを検証するために，どのような実験ができるだろう？

いつもなら，こうした不安が生じると，出かけるのをやめます。でも，この日は，いつもとは違う行動を取り，パーティに出かけることによって自分の予測をきちんと調べることにしました。今夜9時にパーティに行き，少なくとも30分は会場に留まることにしたのです。マイは，同じくパーティに参加する予定のひとりカナと仲よしだったので，会場に着いたら，彼女に声をかけることにしました。

ステップ3：どのようなことがおきると思うか？

「カナは，挨拶は返してくれても，そのあとはわたしを無視するだろうな。わたしはひとりで，ばかみたいにボサッと突っ立ってるんだわ」

ステップ4：実際にはどうなったか？

「9時に会場に着くと，カナがひとりでいるのを見つけたの。カナはとても優しくて，わたしたちはおしゃべりしながらずっと一緒に過ごし，帰途についたのは10時半だった。すごく楽しかった」

ステップ5：何がわかったか？

「カナはわたしとのおしゃべりに興味をもったみたい。わたしは，ひとりでボサッと突っ立っているなんてことはなくて，とっても楽しかった」

ステップ6：この実験で，思いこみや予測は変わったか？

最初の予測に対する信じこみは，65/100まで下がりました。今回のことで，マイは，事実によりよく即した，これまでとは別の考え方を見つけることができるようになりました。「**人と話すのはやっぱり難しいと思うけど，人に無視されるってことはないのかもしれない**」

もし強い考え方が自分にあり，そのせいで悲しい気持ちになったり行動が妨げられたりするなら，その考え方を**よく調べよう**。実験をして，**実際にどうなるか**を調べよう。

>>> 調査と検索

わたしたちは，さまざまな出来事について，自分の予想は正しいと確信していることがよくあります。そのような場合，何か**別の説明**がないかを調べるのに，**調査とインターネットの検索**が役立ちます。

マサトは，くよくよしはじめると心臓がひどくドキドキするのに気づいていました。自分の体には何か深刻な問題があるのではないか，心臓発作をおこすのではないかと，心配でたまりません。父親が心臓発作をおこしたことがあるので，自分にも同じことがおきるのではないかと悩んでいました。この悩みがいつも頭のなかを駆けめぐっていたのですが，それを人に話したことはありませんでした。あまりに怖かったからです。

　マサトは調査をするつもりはありませんでしたが，学校の授業で不安について勉強しているとき，たまたまその機会がありました。先生は，不安が生じていることを示す合図には種々あることを説明したあと，不安なときに心臓がひどくドキドキすることに気づいている生徒は何人くらいいるかと訊ねました。マサトは，ほかにもこのことに気づいている生徒がいることを知って驚き，自分だけではなかったとわかってホッとしました。このことで，マサトはもう一つ，心臓がドキドキすることの意味を理解しました。つまり，自分は不安になっていたのであって，心臓発作をおこしそうになっていたわけではなかったということを知ったのです。

　タクヤの頭には，妙な考えがいろいろ浮かんできていました。気味の悪い考えばかりで，多くは他者に意地の悪いことをいったりしたりしていました。タクヤは，自分は頭がおかしくなるのではないか，実際にそうしたことを実行するのではないかと，心配でたまらなくなりました。

　タクヤは友だちに，薄気味悪い考えが浮かんできたことはないか，訊ねてみることにしました。でも，一部の考えについては，そんな考えが浮かんだこと自体に当惑し，恥ずかしくも思っていたので，友だちにありのままを話すことはできませんでした。そこで，気味の悪い考えがでたらめに浮かんでくる人物がいて，その人物が同じような経験のある人がいるかどうかを知りたがっているときいたという内容のメッセージを投稿することにしました。タクヤは，自分のグループの3人が同様の経験をしていると応答したことに，びっくりすると同時にホッともしました。このようなやり方をしたことで，友だちに次に会ったとき，このことについて，楽に話すことができるようになりました。

　ルイは，試験を受ける代わりに，クラスのみんなの前で発表をしなくてはなりませんでした。彼はひどく神経質になっていました。顔が赤くなり，みんながそれに気づいて大笑いし，ばかみたいだと囃すのではないかと心配でたまりませんでした。

　彼はこのような悩みについて話すのは恥ずかしいと思いましたが，やはり担任のササキ先生に打ち明けることにしました。もし先生が自分の心配をわかってくれたら，発表をしなくてもいいことにしてくれるだろうと考えたからです。先生はルイの悩みをきき，まず先生だけに向かって発表してみるようにいいました。

　聞き終えた先生は，発表は上出来だと思いましたし，彼の顔が赤くなったことにはまったく気づきませんでした。そこで，ちょっとした調査をしてみようと提案しました。ルイは予定どおり発表をし，先生はクラスのみんなに，ルイの発表について気づいたことを一つ書き出してもらい，発表内容について，どのくらい興味深く思ったかを評価してもらうことにするというのです。

　ルイはものすごく緊張しましたが，先生にはげまされて発表をやり終えました。調査結果はとても肯定的なものでした。クラスメート2名から，ルイは緊張しているように見えたという感想がありましたが，赤面のことに触れたものは皆無でした。そのほかの意見としては，話がききやすかった，話し方が上手だった，何を伝えたいかがはっきりしていた，などがあり，発表内容が興味深かったかどうかについては，10点満点で8点の評価がつきました。ルイはこの結果をきき，心配していた赤面には誰も気づかなかったことや，自分のことをばかみたいだと思うクラスメートはいなかったことを知ることができました。

　　調査をすることで，別の考え方につながる新たな情報を発見できることもある。

>>> 責任を表す円グラフ

　わたしたちはしばしば，うまくいかなかった事柄について自分自身を責め，そうなった理由はほかにもたくさんあるのに，その一部を見落とします。そういうとき，出来事の発生原因として考えうる事柄をすべて含んでいる**円グラフ**を作ると役立ちます。各原因を示す扇形の大きさは，その原因が出来事の発生にどれだけ関わっているかを，自分がどう判断しているかで決まります。

　ユウコは，両親が離婚したことで，自分を責めていました。もし自分の素行がもっとよかったら，両親は口論することも別れることもなかっただろうと考えずにはいられませんでした。考えれば考えるほど，自分を強く責め，気分は悪くなる一方でした。そこで，ユウコは，両親が別れた理由だと思われることを，できるだけたくさん書き出してみました。

▶　ユウコは扱いが難しい子どもで，両親は娘の素行について，しょっちゅう口論していた。

▶ 両親はほかにも多くのことについて口論していた。金銭のこと，家事は誰が何をするのか，どれくらいの時間それぞれがそれぞれの友だちと過ごすのか，など。

▶ 両親は去年別居し，どちらが悪いのかについて，いい争ってばかりいた。

▶ 父方のおばあちゃんがいつも口を出しては，ユウコの母親に向かって「あなたのやり方は間違っている」といったせいで，何度もいい争うことになった。

▶ 父親はそのちょっと前に失職して，いつも怒っているようだった。

▶ 支払いがたくさん滞っていたが，父親はなんの手も打たず，この問題を解決しようとしなかった。

　ユウコはこれらの理由を，それぞれがどれだけ両親の別れた原因になっているかに従って，円グラフにしました。彼女の素行を示す扇形の大きさが決まったのは，その他の理由の大きさがすべて決まってからでした。

　こうして円グラフを作ったことで，ユウコは状況を大局的にとらえることができるようになりました。確かに両親は彼女の素行をめぐって口論していましたが，それ以外にも，もっと重要な離婚理由がたくさんありました。

 もし何かについて自分を責めているなら，責任を表す円グラフを使って，状況を大局的にとらえるようにしよう。

まとめ

　自分の考えを見直すのが難しいと感じたら，実験をして，自分の思いこみや予測をよく調べましょう。

　実験は，考えをじっくり調べて新情報を見つけるための強力な方法です。

　調査と検索は，別の理解の仕方や考え方がないかをチェックするのに役立ちます。

　責任を表す円グラフは，状況を大局的にとらえるのに役立ちます。

　実験を行なうと，考えにある程度の制限をかけられる上に，問題の出来事について，別の理解の仕方を見つけることもできるようになります。

よく調べる

　変えるのが難しい強固な考えの存在に気づいたら，実験をしてみて，実際におきていることを
よく調べましょう。

ステップ1：検証する考えは？

その考えをどのくらい信じている？（1-100）

ステップ2：この考えを検証するには，どのような実験ができる？

ステップ3：どのようなことがおきると思う？

ステップ4：実際にはどうなった？

ステップ5：何がわかった？

ステップ6：この実験で，思いこみや予測は変わった？

検証を終えた今，その考えをどのくらい信じている？（1-100）

調査と検索

　調査と検索は，さまざまな状況について，別の理解の仕方や考え方がないかをチェックするのに役立ちます。

検証する思いこみや予測

これをよく調べるために，どのような調査やインターネット検索ができる？

調査や検索を行なって明らかになったことは？

この結果は，自分が信じていたことや予測していたことと，どの程度一致している？

責任を表す円グラフ

　わたしたちはしばしば，うまくいかなかった事柄について自分自身を責め，そうなった理由はほかにもたくさんあるのに，その多くを見落とします。状況を大局的に見るために，責任を表す円グラフを作成してみましょう。

　出来事の発生原因になっている可能性のあることをすべて考え，各原因の責任の大きさに応じて，円を扇形に分割します。責任が大きければ大きいほど，扇形は大きくなります。

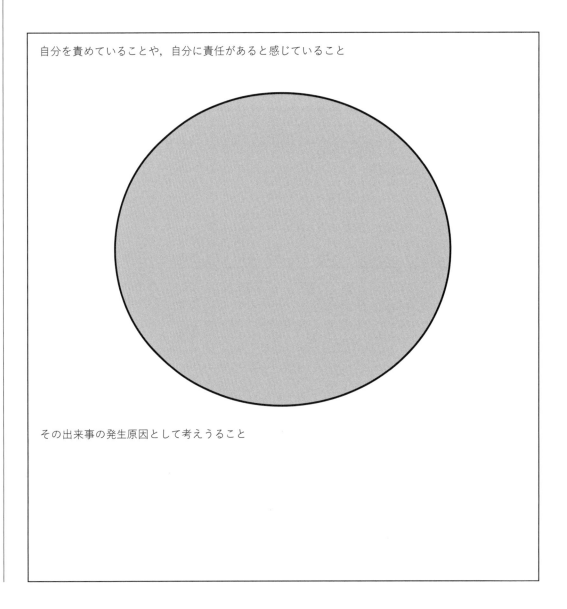

自分を責めていることや，自分に責任があると感じていること

その出来事の発生原因として考えうること

◀第17章▶ 恐怖に立ち向かう

　わたしたちはしばしば，不安な気持ちになる状況やものごとを避けたり，先送りしたりします。心からしたいと思っていることでも，心配や不安に負けて，するのをやめてしまうのです。

▶ もっと友だちが**ほしいと思っている**としても，人と話すのが不安だと，人との交流の場は**避ける**かもしれない。

▶ 行ったことのない場所に**行きたいと思っている**としても，知らないところに行くのが不安だと，行くのを**避ける**かもしれない。

▶ クラブに**入りたいと思っている**としても，人前でパフォーマンスするのが心配だと，スポーツをやってみるのも，音楽や演技のオーディションを受けるのも**避ける**かもしれない。

 懸案の状況やものごとを回避することで，短期的にはほっとできるかもしれないが，長期的に見れば，なんの役にも立っていない。

回避は行動を制限する。

　したいと思っていることをする機会を逸します。

対処法が身につかない。

　いつまで経っても，不安に打ち勝てるようにもならなければ，恐怖に立ち向かえるようにもなりません。

気分は晴れないままである。

　それほど強い不安を感じていなくても，何事かを回避すれば，また別の不快な感情に対処しなくてはならなくなります。ひとりきりで過ごす時間が長くなれば悲しくなり，新しい場所に行けなければ不満がたまり，クラ

215

ブに入れなければ腹が立つかもしれません。

必要なのは，不安を引きおこす状況やものごとを回避することではなく，自分の生活を改善することである。**小さなステップ**に分けた**恐怖のはしご**を登り，**自分の恐怖に立ち向かう**ことで，それは叶う。

 ## 小さなステップに分ける

不安を引きおこす状況やものごとに立ち向かうのは，ひどく難しいことのように思えるかもしれません。これを少しでも簡単にするには，自分の恐怖を分解して，**小さなステップに分ける**ことです。

何を恐れている？

自分が恐れているさまざまなことについて考え，闘いたいと思うものを一つ，選びましょう。たとえば，以下のようなことです。

▶ 人との交わり

▶ クモ，ヘビ，動物など

▶ 人で混み合う場所，高所，閉所

▶ ばい菌や汚れ

何を避けている？

具体的にどのような状況や事柄を恐れて避けているのか，考えましょう。

▶ 人との交わりに強い不安を感じるとしたら，パーティへの参加，クラスでのおしゃべり，友だちへの電話，昼食時の同席などは避けるかもしれない。

▶ 犬が怖いなら，犬を飼っている人を訪ねることや公園内に入ること，公共の場に行くことは避けるだろうし，犬がいるのを見たら，道の反対側に移るかもしれない。

▶ 人混みで強い不安に襲われるとしたら，街へのお出かけや映画館，同窓会，バス旅行などは避けるかもしれない。

▶ ばい菌や汚れが心配でたまらないとしたら，公共トイレの使用，ドアの取っ手に触れること，特定の場所に腰を下ろすこと，共用コンピュータの使用は避けるかもしれない。

何をしたいと思っている？

恐怖に打ち勝ったら，何をしたいと思っていますか？

▶ 人と交わるのが不安な場合，昼食時に人と同席できるようになりたいと思うかもしれない。

▶ 犬が怖い場合，犬を飼っている友だちを訪ねられるようになりたいと思うかもしれない。

▶ 人混みで不安になる場合，映画を見に行きたいと思うかもしれない。

▶ ばい菌を心配している場合，学校のトイレを使えるようになりたいと思うかもしれない。

恐怖が理由で避けていることをすべて考え，そのなかから，立ち向かって乗り越えようと思うものを一つ選ぼう。

≫≫≫ 恐怖のはしごを作る

自分がこれからしたいと思うこと（目標）を特定したら，その達成に役立つ小さなステップについて考えましょう。ステップの数は好きなだけ設定してかまいませんが，必ず各ステップは自分の背中を押してくれるものにし，また，達成可能だと感じられるものにしてください。

各ステップについて，その状況にいた場合の不安の大きさを，1（まったく不安のない状態）から100（この上なく不安な状態）の数字で評価します。それが済んだら，最も怖くないステップから最も怖いステップまで，順番に並べて**恐怖のはしご**を作りましょう。

カレンは，人と話すとひどく不安になるため，学校では，長い時間ひとりで過ごして人を避けていました。でも，寂しく感じていたので，たとえ不安でも，友だちがほしいと心から思いました。

そこで，自分がこれまで避けていた状況をすべて書き出し，その状況で自分がどれだけ不安になるかを評価しました。

避けていたこと	不安（1-100）
▶ バスでの登校	80
▶ 教室で誰かに「おはよう」と挨拶すること	40
▶ 教室で誰かの隣に座ること	30
▶ 昼食時に食堂に行くこと	55
▶ クラスのディスカッションに加わること	75
▶ 宿題を手伝ってほしいとクラスメートに頼むこと	45
▶ 放課後みんなと街に行くこと	70
▶ フェイスブックのチャットに参加すること	70
▶ 誰かをコーヒーに誘うこと	65

　カレンは，恐怖を乗り越えられたら，自分は何ができるようになりたいと思っているのかについて考えました。そして，最初の目標は，放課後一緒に街に行ってほしいと女子クラスメイト（マキ）に頼むことにしようと決めました。彼女は，この目標を達成するのに役立つようにと，小さなステップから成る恐怖のはしごを作成しました。

達成目標　　マキと街に行くこと	70
ステップ5：　放課後に街に行こうとマキを誘う	65
ステップ4：　マキと食堂に昼食を食べに行く	55
ステップ3：　自分の英語の課題を手伝ってほしいとマキに頼む	45
ステップ2：　英語の課題についてマキと話す	45
ステップ1：　学校でマキに「おはよう」という	
	40

　カレンは，自分が避けていたことすべてに取り組む覚悟はまだできていないと感じました。バスでの登校やクラスのディスカッションに参加するのは，ハードルが高すぎる気がしたのです。でも，小さなステップを踏んで恐怖のはしごを登っていくことで，きっと自分もいつか，もっとうまく人と付き合えるようになるだろうと思いました。

ヒントを一言

恐怖に立ち向かうのを手助けしてくれる小さなステップについて考えよう。難易度順にそれらを並べて，恐怖のはしごを作ろう。

>>> 恐怖に立ち向かう

　いよいよ最後は，自分の人生を改善するために，作成した恐怖のはしごの最初のステップと向き合います。最初のステップと向き合い，これにうまく対処できたら，はしごの次のステップに進みます。同様にして，はしごを登りつづけ，最終的に目標を達成するのです。

　ずっと回避してきた状況や事柄に向き合うのは，簡単ではないはずです。避けることで，不安な気持ちをうまく処理できるようになったからです。回避は短期的な安堵をもたらしますが，長期的に見れば，自分が本当にしたいと思っていることの多くを経験しそこなうことになります。自分の恐怖に立ち向かうことによって，以下のことがわかるようになります。

▶ 自分の恐怖は想像していたほど**不快ではない**。

▶ 自分の**不安は必ず小さくなる**。

▶ 自分は不安に**うまく対処することができる**。

どのようにして自分の恐怖に向き合う？

▶ **ステップを一つ，選択する**。

　恐怖のはしごの一段目からはじめましょう。重要なのは，生じる不安が最も小さいものからはじめて，よい結果を出せるようにすることです。

▶ **計画を立てる**。

　どのようなことを行ない，それをいつするのか，誰に手助けしてもらうのか，どのような方法でうまく対処するのかを，書き出しましょう。計画を立てることで，期限が設定され，自分がコントロールしていることを感じられるようになります。

▶ **自分の恐怖に向き合う**。

　恐怖に向き合うと，**不安を感じる**はずです。ここで重要なのは，不安は小さくなっていくものだと気づくことです。それがはっきりわかるように，恐怖に向き合う前，向き合っている最中に何度か，向き合ったあとに，不安の度合いを1から100の数字で評価してください。

▶ **その状態に留まる**。

　たとえ不安を感じても，その状況から**離れない**こと，逃げ出さないことがとても重要です。回避や逃避はこれまでしてきたことであり，そうすることはなんの役にも立ちません。その状態に留まり，不安の評価が下がるのを待ちましょう。不安は必ず小さくなります。

▶ **練習する。**

不安は，一度立ち向かったからといって，急に消えるものではありません。練習すればするほど，小さくなっていきます。

▶ **次のステップに進む。**

うまく対処できると感じたら，はしごの次の段に進みます。

▶ **何がわかった？**

恐怖に立ち向かい終えたら，何がわかったかについて考えましょう。その状態に留まれば，**不安は軽減し**，それに**うまく対処することができます**。さあ，自分のやり遂げたことをお祝いして，自分にご褒美をあげましょう。

不安は感じるだろうが，恐怖に立ち向かい，不安にうまく対処できるようになることで，最後は不安に打ち勝つことができる。

さまざまな状況や事柄を避けていたら，けっして不安にうまく対処できるようにはなりません。不安から逃げないことです。不安のせいで，本当にやりたいと思っていることをやめてしまってはいけません。

恐怖は小さなステップに分割しましょう。そして，いつも回避していることを一つ選び，それに打ち勝ちましょう。

その恐怖に立ち向かうのに役立つ小さなステップを考え，恐怖のはしごを作ってください。

まず，恐怖のはしごの1段目に取り組み，恐怖に向き合います。その状態に留まりつづけると，やがて不安は小さくなっていきます。

次の段に進み，同じことを繰り返してはしごを登りつづけ，目標を達成します。

小さなステップに分ける

自分が恐れていることについて考え，その恐怖のせいで避けている特定の状況をすべて書き出しましょう。

わたしが恐れているのは

わたしが避けているのは

わたしが避けているのは

わたしが避けているのは

わたしが避けているのは

わたしが避けているのは

わたしが避けているのは

わたしが避けているのは

わたしが避けているのは

わたしが避けているのは

恐怖のはしご

　書き出した恐怖のどれに取り組むか（目標）を決め，それをはしごの最上段に書きましょう。
　その目標を達成するのに役立ちそうなステップについて考え，各ステップがどれくらい不安を
引きおこすかを，1（まったく不安を感じない）から100（これ以上ない不安を感じる）までの数
字で評価し，それらのステップを恐怖の度合いの小さいものから順に，下から上へ並べてくだ
さい。

達成目標	不安
ステップ8	
ステップ7	
ステップ6	
ステップ5	
ステップ4	
ステップ3	
ステップ2	
ステップ1	

恐怖に立ち向かう

　恐怖のはしごから最初に取り組むステップ（恐怖が最小のもの）を選び，いつそれに立ち向かうかを決めましょう。不安を感じるはずですが，そのまま不安を感じつづけてください。不安を理由に，行動をやめてしまってはいけません。

　各ステップを数回練習してから，はしごの次のステップへ登るようにしましょう。

取り組むステップ

いつ取り組む？

不安の程度（1-100で評価）

恐怖に立ち向かう前の不安

恐怖に立ち向かっている最中の不安

恐怖に立ち向かったあとの不安

どのようなことがわかった？

次にどのステップに取り組む？

目標達成のお祝いとして何をする？

◀第18章▶ 忙しく暮らす

　気持ちが落ちこんでいるときにやる気を出すのは，とても難しいかもしれません。何もかも面倒で，がんばりようもないでしょう。そして，以下のような状態になるかもしれません。

▶ **外出が減る**。

▶ **人と接する時間が減る**。

▶ 以前は楽しんでいた**活動をしなくなる**。

▶ **楽しむ機会が減る**。

▶ **ひとりで過ごす時間が増える**。

行動が減れば減るほど，考える時間が長くなり，役に立たない考え方をすることが増え，気分は悪化する。

　思考の罠にはまり，ふと気づけば，以下のようになっていることもあるでしょう。

　すでにおきてしまったことを何度も思い返し，それがどれだけひどかったかを考える。

▶ 悪い出来事のことしか考えない（ダメダメ色メガネ）。

▶ 小さなことを，実際よりも大事（おおごと）にする（ダメなところを大げさに強調する）。

▶ うまくいっていないことは，すべて自分の責任だと考える（自分を責める）。

これからおきることを心配して，それがどれだけひどいことになりそうかを考える。

▶ いろいろなことがうまくいかなくなるだろうと考える（占い師タイプ）。

▶ 自分はみんなから悪く思われるだろうと心配する（読心術師タイプ）。

▶ 自分は完璧にはなれないだろうと心配する（完璧を目ざす）。

自分の思考を**見つけて**，**調べ**，**見直して**，**変える**というやり方は役に立つ可能性がありますが，特別に落ちこんでいるような場合には，これを実行するのはきついかもしれません。考えは止められないもの，巻きこまれてしまうもののように感じるかもしれません。

⟫⟫⟫ 忙しく暮らす

考えを見直す代わりに，行動を変えて**忙しく暮らす**ようにすると，気分がよくなることもあります。このような暮らし方は，自分が楽しめる活動を増やし，満足感を得るのに役立ちます。

何よりもまず，あなたは自分がなかなかやる気になれないことに気づいているかもしれません。たぶん疲れを感じていて，行動をおこさない言い訳をたくさん見つけていることでしょう。とにかく，なんとかがんばって動き出すことです。以下をヒントにすると，そうするのが少しは楽になるかもしれません。

自分にとって重要な意味をもつ活動を選ぶ。

自分の気分に実際変化をもたらす活動について考えましょう。そのような活動を選ぶことで，やってみようという気持ちを高められるようになります。

時間をかける。

たぶん，久しぶりにしばらくぶりにがんばることになるでしょうから，あまり欲張りすぎないことです。確実によい結果を出せるように，小さな課題を選んでください。

今やる。

やりたい気持ちが湧くまで待っていてはいけません。今どう感じているかは問題ではありません。日時を設定して，とにかくやりましょう。

よい結果を祝う。

　よい結果が出たら，たとえどんなにささいな結果であっても，それを祝いましょう。自分に優しくして，自分をほめてください。

自分がやり遂げたことを認める。

　すべきことがまだいろいろある点に注目して自分を非難したくなっても，それに抵抗してください。もし親友が生活改善のための小さな第一歩を踏み出したとしたら，どういう言葉をかけてあげようと思うか，考えましょう。

　目的は忙しく暮らすことなので，一気に気分がよくなると思ってはいけない。楽しみが戻るには，少し時間がかかるかもしれない。

>>> 行動と感じ方

　自分の行動と感じ方について，もっと多くのことに気づけるようになるために，日記をつけてみましょう。記録を取る日を2日選び，以下のことを毎時間書き出します。

▶ **何をしていたか**，どこにいたか？　そこに誰がいたか？

▶ **どんな気分だったか？**

▶ **それはどれくらい強かったか？**　1（とても弱い）から100（きわめて強い）で評価する。

　日記をつけ終えたら，**何かパターンがないかを探します。**

▶ ひどく気分が悪いとき，何をしていたか？

▶ その気分をあまり強く感じないときはあったか？

▶ 気分がましなときには，何をしていたか？

　アツシは数カ月前から気持ちが落ちこんでいて，どうしてもこの気分を変えたいと思いました。そこで，ある日，自分の行動と感じ方を毎時間書き出しました。

日 時 月曜日	何をしていたか どこにいたか，誰がいたか	どんな 気分だったか	その強さ
7 am	ベッドのなか，ひとり	悲しい	85
8 am	登校準備	悲しい	85
9 am	ひとりで歩いて登校	悲しい	90
10 am	数学，理解できない	悲しい	100
11 am	英語，カイトとサラと一緒に勉強	OK	60
12	体育，サーキット・トレーニング	OK	50
1 pm	カイトと昼食	OK	55
2 pm	科学，コウタとケンと一緒のグループで実験	OK	55
3 pm	地理	悲しい	60
4 pm	ケンとタクと一緒に買い物に行く	OK	55
5 pm	口実を使って帰宅，まだ誰も帰っていなかった	悲しい	80
6 pm	お茶，自室でひとりで食事	悲しい	80
7 pm	寝室でひとりテレビを見る	悲しい	85
8 pm	寝室でひとりテレビを見る	悲しい	90
9 pm	セイタとオンライン・ゲーム	OK	50
10 pm	セイタとオンライン・ゲーム，負けた！	OK	60
11 pm	就寝，眠れない，学校のことが心配	悲しい	80
12 pm	ベッドのなか，学校のことが心配	悲しい	90

アツシは日記を見直して，以下のことに気づきました。

▶ 自分はいつも悲しい気持ちでいることがはっきりした。1日中，幸せな気持ちになることがない。

▶ 1日を通して，気分が変動している。特に，朝と夜がひどくて，日中はましになる。

▶ 気分がましなのは，友だちと何かをしているときだ（買い物や食事やゲームをしているとき）。

▶ 友だちと別れるために口実を使ったが，友だちと過ごしているとき（55）より自宅にいるとき（80）のほうが，不快感が増している。

 日記をつけて，自分の行動と感じ方のつながりをチェックしよう。

>>> 行動の内容とそれをする時間を変える

特にひどい気分になるときと，気分の快・不快に影響している活動内容がわかれば，**行動の仕方を工夫する**ことができるようになります。

 日記から，アツシの気分が最悪になるのは，夕方誰もいない家に帰ったときであり，気分がましになるのは体育のときであることがはっきりしました。アツシはスポーツが好きだったので，帰宅後の行動を変えることにしました。ひとりで家にいるのをやめて，ランニングをすることにしたのです。

 朝は，アツシにとってつらい時間でした。いつも重い気分で，歩いて登校していました。彼は，友だちと一緒に過ごすことについて心配していましたが，むしろ友だちといるときのほうが気分は上向くことが日記から明らかでした。そこで，いろいろと段取りをつけ，友だちのカイトと待ち合わせをして，一緒に徒歩で登校することにしました。

 何もかも変えることは不可能です。アツシは数学の授業でどん底の気分になりますが，授業を受けることをやめることはできませんでした。何か手を打てる事柄を選び，それを変えることに集中しましょう。

>>> 楽しみを増やす

　落ちこんでいるときは，たぶん疲労感があり，エネルギーはほとんどない状態でしょう。いろいろなことをするのをやめてしまいます。以前は楽しんでいたことも，例外ではありません。でも，それらを再び楽しんでもいいはずです。日々の生活習慣のなかに，**それらを復活させる**ようにしましょう。

　まず，以下に当てはまるもののリストを作ります。

▶ 以前は楽しんでいたけれども，今は**やめている**こと

▶ 楽しんでいるけれども，**頻繁にはしない**こと

▶ したことがないけれども，**してみたいと思う**こと

　他者も関わっていることについて，じっくり考えましょう。他者と過ごすことで，忙しくなる機会や交流のチャンスが生まれます。他者と一緒にできることを考えてみましょう。たとえば，以下のようなことです。

▶ 妹と一緒に買い物に行く

▶ 友だちと映画を見に行く

▶ 家族と一緒に食事をする

▶ カフェで友だちに会う

　達成感が得られるようにしましょう。自尊心や達成感が生まれるようなことを考えてください。たとえば，次のような事柄です。

▶ 絵を描く

▶ 楽器を演奏する

▶ 自転車を修理する

▶ 洋服を整理する

▶ ジグソーパズルを完成させる

　心から楽しめることについて考えましょう。これは人それぞれですが，たとえば，以下のようなことです。

▶ ゲームをする

▶ 料理をする

▶ 音楽を聴く

▶ 読書する

▶ DVD を見る

体を動かしましょう。以下のような，元気が出るものがいいでしょう。

▶ ランニング

▶ ダンス

▶ 水泳

▶ エクササイズ

▶ 散歩

▶ 部屋の整理

　作成したリストのなかから，今週しようと思うことを一つか**二つ**決めましょう。それらは，自分にとって重要な意味をもち，達成感が得られるものであり，達成可能なものでなくてはなりません。

　欲張ってたくさんしようとしてはいけません。大切なのは**よい結果を出す**ことなので，小さな目標を設定することです。たとえばギターの演奏なら，1時間練習するという目標ではなく，今週は1度だけ5分間練習するという目標を立てるといいでしょう。

　週末ごとに**自分のやり遂げたことを祝い**，それを足場にして前進していきます。たとえば，2週目は，週に2回5分間ギターを練習するという目標を立てたり，友だちに電話をかけるなど，別の目標を設定したりしてもいいでしょう。

自分にとって重要な意味をもち，自分が楽しめる活動を見つけて，それを日々の生活習慣に組み入れよう。

まとめ　　自分の行動と感じ方のつながりを理解しましょう。

　　行動が減れば減るほど，すでにおきたことやこれからおきることについて心配する時間が増えます。

　　楽しめる活動を増やして，忙しく暮らしましょう。

　　行動の内容とそれをする時間を変えましょう。イヤな気分になっていた時間帯に，気分をスッキリさせてくれることをしてください。

　　これまでより忙しく暮らすことや，気分を引き上げてくれる活動を増やすことで，気分はよくなっていきます。

行動と感じ方

　自分の行動と感じ方のつながりを調べましょう。数日間，以下の日記をつけ，各時間帯の気分を評価してください。

```
1    10    20    30    40    50    60    70    80    90   100
├────┼────┼────┼────┼────┼────┼────┼────┼────┼────┤
とても弱い                                           きわめて強い
```

日　時	何をしていたか	どんな 気分だったか	その強さ	どこにいたか, 誰がいたか
7-8 am				
8-9 am				
9-10 am				
10-11 am				
11-12 am				
12-1 pm				
1-2 pm				
2-3 pm				
3-4 pm				
4-5 pm				
5-6 pm				
6-7 pm				
7-8 pm				
8-9 pm				
9-10 pm				
10-11 pm				
11-12 pm				
12-1 am				

**何かパターンはありますか？　不快な気分が強くなるのは，何をしているときですか？
不快な気分が弱まるのは，何をしているときですか？**

楽しみを増やす

　気分が落ちこんでいるときは，いろいろなことをするのをやめてしまいます。以前は楽しんでいたことも，例外ではありません。自分にとって重要な意味をもち，かつ，楽しめる活動を書きましょう。

> 以前は好んでしていたけれども，今はやめていること

> 好きだけれども，頻繁にはしないこと

> したいと思っていること

自分にとって重要な意味をもつことで，
生活を改善しはじめるのに役立つことは？

楽しみを増やす計画を立てる

　一週間にしたいと思うことを，二つか三つ選びましょう。**楽しめる**活動，**体を動かす**活動，**他者**も関わっている活動，**達成感**を得られる活動をうまく組み合わせるようにしてください。

　日記に，その行動予定を書いておき，実際にしたことを記録しましょう。

	行動予定	実際の行動
月曜日		
火曜日		
水曜日		
木曜日		
金曜日		
土曜日		
日曜日		

◀第19章▶ よい状態を保つ

　よい状態を保つためには，役立つことがわかったスキルやアイディアを，確実に使いつづけることが必要です。役に立たない元のやり方に逆戻りしないようにするには，**よい状態を保つための計画**を立てるといいでしょう。以下のことについて，よく考えてください。

▶ 役に立ったこと

▶ 生活に組み入れる

▶ 練習する

▶ ぶり返しを予測する

▶ 自分の前兆を知っておく

▶ 厄介な時間帯に用心する

▶ 自分に優しくする

▶ いつも前向きに

▶▶▶ 何が役に立った？

　さまざまなアイディアのなかには，役立つことがわかったものもあれば，効果がなかったものもあることでしょう。忘れないようにするためには，自分にとって重要だとわかったことや自分の役に立つとわかったことを書き留めておくことです。

自分にとって重要だとわかったことは？

▶ 問題の状況を避けていては，うまく対処できるようにはならない。

▶ 考えは，海辺に寄せては砕ける波のように，次々と浮かんでは消えていく。

▶ 行動が減れば減るほど，考えこむ時間が増える。

自分の役に立つとわかったことは？

▶ 難題は小さなステップに分ける。

▶ マインドフルに歩く。

▶ 落ちこんでいるときには，自分を大切にするための行動を取る。

自分のリラクセーションと気分の改善に役立つことは？

▶ 体を動かす活動

▶ これまでより優しく自分に語りかけること

▶ 自分用の「心を鎮める道具箱」

自分の思考をうまく処理するのに役立つことは？

マインドフルネスが役立つとわかった人もいれば，思考に異を唱えて見直すほうがいいと思った人もいることでしょう。あなたの場合は，何が効果的でしたか？

▶ 思考の罠の一つ「ダメダメ色メガネ」に注意すること

▶ 友だちにしてあげるように，自分にもすること

▶ 肯定的な出来事を探すこと

ヒントを一言 見つけた重要なスキルやメッセージを書き留めておこう。そうすれば，何が自分にとって効果的だったかを思い出すことができる。

>>> 生活に組み入れる

せっかく身につけたスキルですから，その活用を促すために，それらを生活に組み入れる方法を探しましょう。毎日や毎週の習慣になればなるほど，それらの活用をさっと思い出すようになります。

自分のスキルを日課に組み入れる

スキルの使用と，日々の課題や出来事とを結びつけるようにしましょう。

▶ 朝，着替えをしながら，役に立たない考えを調べて，考えの間違いを見直すことはできる？

▶ 歯を磨きながら，自分に優しい言葉をかける練習はできる？

▶ 昼食時，マインドフルになる練習はできる？

▶ 夕飯を食べる前に，今日おきた肯定的な出来事を一つ，見つけられる？

▶ 夜の習慣の一つとして，自分のリラクセーション・スキルを使うことはできる？

スキルの活用を思い出す

　スキルを使って行動することを思い出す方法として，メッセージを書いておきましょう。もし人に知られたくないなら，何か物を使ってもかまいません。

▶ タンスの引き出しに「見つけて，調べ，見直して，変える」と書いたカードを貼っておく。

▶ 「優しくする」ことを思い出させてくれるメッセージを，歯ブラシにテープで巻いておく。

▶ 「マインドフルになる」と書いたメッセージを，お弁当箱のなかに入れておく。

▶ 「肯定的なことを一つ見つける」ために，携帯電話のリマインダーを夕食前に設定しておく。

▶ 毎朝，枕の上に何かしら物を置いておき，「リラックスする」ことを思い出せるようにする。

役に立つスキルを生活に組み入れると，それらを使おうという気持ちを引きおこすことができる。

>>> 練習する

　ものごとがうまくいっているときには，自分のスキルを練習しなくてはならないと感じることは少ないかもしれません。たぶん，新たに身につけたスキルのおかげで，気分はよくなっているのでしょう。でも，そうしたスキルを使う練習をしなければ，元の役に立たないやり方に逆戻りする可能性があります。

よい状態の維持には，練習が欠かせない

　練習すればするほど，そのスキルは日常生活の一部として定着するようになり，将来の難題に対する備えが整っていきます。

自分の状態を見直す

▶ 毎週，少し時間を取り，自分がどのようなスキルを練習してきたかを
チェックする。

▶ やり遂げたことについて，自分をほめる。

▶ 身につけたスキルを使わないでいた理由について，考える。

▶ そうした障害を乗り越える方法を工夫する。

▶ 翌週集中したら特に役立ちそうなスキルがないかを判断する。

毎週自分の状態を見直し，自分が役立つと思ったスキルを，必ず練習す
るようにしよう。

>>> ぶり返しを予測する

人生には驚くようなことが満ちあふれていますが，一つ，確実にいえる
のは，**思いがけない問題や難題は絶えず発生する**ということです。新たに
身につけたスキルにも，その発生を止めることはできないので，難題が降
りかかることは予測していないといけません。

難題に直面すると，一時的にかつての役に立たないやり方に逆戻りした
ことに気づくかもしれません。でも，心配は要りません。これは，ほんの
短期間のぶり返しであることが多く，かつての悪習が再び幅を利かせるよ
うになったということではありません。今何がおきているかによく注意し
て，有用な習慣を活用してください。

短期間のぶり返しはよくあることなので，心配はご無用。もしそういう
ことになったら，新しく身につけたスキルをがんばって使おう。

>>> 自分の前兆を知っておく

ぶり返していないことや，かつての役に立たない罠にはまっていないこ
とを確認するために，自分が気をつけなくてはならない前兆のリストを作っ
ておきましょう。以下は，その例です。

かつての役に立たない考え方

▶ 自分の考えといい争うのは，マインドフルになるのに苦戦していることを警告する前兆かもしれない。

▶ 否定的な出来事に注目するのは，かつての思考の罠にはまりかかっていることを警告する前兆かもしれない。

不快な感情と結びついた体のサイン

▶ 心臓がドキドキしたり，体が熱く感じたりするのは，不安が高まっていることを警告する前兆かもしれない。

▶ すぐ涙ぐんだり，よく眠れなくなったりするのは，気分が落ちこみかかっていることを警告する前兆かもしれない。

状況を悪化させる行動の取り方

▶ 自室でひとりで過ごす時間が増えるのは，気分が落ちこみかかっていることを警告する前兆かもしれない。

▶ さまざまな状況やものごとを避けはじめるのは，不安が高まっていることを警告する前兆かもしれない。

自分の前兆にうまく気づけるようになればなるほど，それを変えるための手を早く打つことができる。

>>> 厄介な時間帯に用心する

うまく対処できそうにないと感じる状況や出来事に取り組まざるをえないときもあるはずです。

▶ 試験の得点目標を高く設定すると，試験勉強中にきっと心配や不安が増えるだろうと察しがつくかもしれない。

▶ 人との交流が苦手だと思うと，大きな集会に出席しなくてはならないときや，よく知らない人たちと話さなくてはならないときには，きっと不安が強くなるはずだと思うかもしれない。

▶ 変化が好きでない場合，初めての場所に行かなくてはならないことをつらく感じるかもしれない。

▶ ひとりで過ごす時間がたっぷりあると，否定的で役に立たない自分の考えに耳を傾ける時間が増えるため，気分が落ちこむだろうと予測す

るかもしれない。

厄介な状況を見つけるのがうまくなれば，その状況との取り組み方を**計画して，対処に役立つスキルを練習する**機会が得られます。

▶ 試験勉強をするときには，復習の時間割を作り，復習をはじめる前にリラクセーションのスキルを練習しよう。

▶ 初対面の人たちとの会合があるなら，話題になりそうなことを話す練習をし，自分がどう受け取られるかではなく，相手が何を話しているかに焦点を絞ろう。

▶ 初めての場所に行くときには，これを前向きにとらえるようにして，以前同じような変化があったときに自分がどう対処したかを思い出そう。

▶ 考えこむ時間が増えたら，そのなかに，マインドフルネスの練習時間を組み入れよう。

厄介な状況にはくれぐれも注意し，対処方法と練習すべきスキルについて，計画を立てよう。

≫≫ 自分に優しくする

ぶり返しがおきると，いとも簡単にかつてのやり方に逆戻りして，自分を責め立てるようになります。以下のようなことがおきるかもしれません。

▶ 自分を**批判し**たり，自分に悪態をついたりしはじめる。

▶ そういう状況にしてしまったことについて，自分を**責める**。

▶ 自分の**欠点**に注目する。

忘れないでください。ものごとはうまくいかないことがあります。あなたは完璧ではなく，間違います。つらい出来事もおこりえます。
おきたことを**受け入れて**，自分を責めるのはやめましょう。

おきたことを受け入れ，辛抱強くなろう。そして，自分に優しくしよう。

いつも前向きに

ぶり返しは人生に付きものです。多くは一時的な問題であり，身につけたスキルを使えば，さっと対処できます。ぶり返したからといって，問題が再発したということにはなりませんし，身につけたスキルが効果を発揮しなくなったということにもなりません。

もしぶり返しがおきたら，それは，その新しいスキルの活用をさらに練習するときが来たということです。それらはこれまで役に立ってきたのですから，もう役立たないということはありえません。

▶ **いつも前向きな気持ちで**，以下を思い出そう。

▶ **自分はこれに打ち勝つことができる**──前回，これに打ち勝つことができたのだから，今度も打ち勝つことができる。

▶ **自分の強みを思い出そう**──役立つはずの自分のスキルと強みに集中しよう。

▶ **自分が達成してきたことに注目する**──たとえどんなにささいなことでも，これまでやり遂げてきたことに注目しよう。

▶ **自分にご褒美をあげよう**──変わろうとしつづける自分をほめてあげよう。

 自分の強みと自分がこれまで達成してきたことに注目することで，自分の問題と向き合いつづけられるようになる。

 いつ助けが必要になる？

それでも，かつての役に立たないやり方にはまってしまうときがあるかもしれません。かつての悪習が再発したまま，どんなにがんばってもそれを変えることができないことに気づくかもしれません。

 行き詰まりを感じたら，自分が今感じていることについて，誰かに話してみるといいでしょう。先送りしてはいけません。手を打つのが早ければ早いほど，気分は早く改善しはじめます。

まとめ　　　　よい状態を保つために，自分に役立つとわかったことを思い出すようにしましょう。

新しく身につけたスキルの練習方法を見つけて，それらのスキルを生活に組み入れましょう。

自分の前兆によく注意して，厄介な状況に備えましょう。

ぶり返しを予測しつつ，いつも前向きな気持ちでいることです。身につけたスキルは，よい状態の維持に役立ちます。

よい状態を保つ

何が役に立つと思ったかについて考え，それらを以下に書き出しましょう。

覚えておきたい重要なメッセージ

役立つと思ったアイディア

リラックスするのに役立つのは？

自分の考えにうまく対処するのに役立つのは？

**こうして書き出しておけば，よい状態を保つために
練習すべきことを思い出すことができるでしょう。**

自分の前兆

　かつての役に立たないやり方に逆戻りしつつあることを警告してくれる前兆で、よく気をつけなくてはならないものについて、リストを作成しましょう。

役に立たない考え方

体のサインと感じ方

自分の態度や行動に生じる変化

自分の前兆にしっかり気づけば気づくほど、
その悪化を防ぐための手立てを素早く講じることができます。

厄介な状況

取り組む必要のある状況や出来事について考え，どのようにしてそれらにうまく対処するか，計画を立てましょう。

次の半年間に直面することになる厄介な出来事や状況は？

それにうまく対処するための計画は？

よい結果を出すために，練習しなくてはならないスキルは？

将来の難題にどのように対処するかを見きわめ，
計画を立てることで，よい結果を出せるようになるでしょう。

参考文献

Bandura, A. (1977) *Social Learning Theory*. Englewood Cliffs, NJ: Prentice-Hall.

Barrett, P.M. (2005a) *FRIENDS for Life: Group Leaders' Manual for Children*. Barrett Research Resources Pty Ltd.

Barrett, P.M. (2005b) *FRIENDS for Life: Group Leader's Manual for Youth*. Australian Academic Press Brisbane.

Beck, A.T. (1963) Thinking and depression: I. Idiosyncratic content and cognitive distortions. *Archives of General Psychiatry* 9 (4): 324.

Beck, A.T. (1964) Thinking and depression: II. Theory and therapy. *Archives of General Psychiatry* 10 (6): 561–571.

Beck, A.T. (1976) *Cognitive Therapy and the Emotional Disorders*. New York: International Universities Press.（大野裕訳（1990）認知療法——精神療法の新しい発展（認知療法シリーズ）. 岩崎学術出版社）

Beck, A.T. (2005) The current state of cognitive therapy: a 40-year retrospective. *Archives of General Psychiatry* 62 (9): 953.

Beck, A.T. and Dozois, D.J.A. (2011) Cognitive therapy: current status and future directions. *Annual Review of Medicine* 62: 397–409.

Beck, A.T., Rush, A.J., Shaw, B.F., and Emery, G. (1979) *Cognitive Therapy of Depression*. New York: Guilford Press.（坂野雄二監訳, 神村栄一, 清水里美, 前田基成訳（2007）新版 うつ病の認知療法（認知療法シリーズ）. 岩崎学術出版社）

Belsher, G. and Wilkes, T.C.R. (1993) Cognitive-behavioral therapy for depressed children and adolescents, 10–18 years. *Child and Adolescent Mental Health* 3 (3): 191–204.

Boydell, K.M., Hodgins, M., Pignatiello, A. et al. (2014) Using technology to deliver mental health services to children and youth: a scoping review. *Journal of the Canadian Academy of Child and Adolescent Psychiatry* 23 (2): 87–99.

Burns, D.D. (1980) *Feeling Good*. New York: New American Library.（野村総一郎, 夏苅郁子, 山岡功一, 小池梨花, 佐藤美奈子, 林建郎（2004）いやな気分よ, さようなら——自分で学ぶ「抑うつ」克服法［増補改訂 第2版］. 星和書店）

Cary, C.E. and McMillen, J.C. (2012) The data behind the dissemination: a systematic review of trauma-focused cognitive behavioral therapy for use with children and youth. *Children and Youth Services Review* 34 (4): 748–757.

Chiu, A.W., McLeod, B.D., Har, K., and Wood, J.J. (2009) Child-therapist alliance and clinical outcomes in cognitive-behavioural therapy for child anxiety disorders. *Journal of Child Psychology and Psychiatry* 50 (6): 751–758.

Chorpita, B.F., Daleiden, E.L., Ebesutani, C. et al. (2011) Evidence-based treatments for children and adolescents: an updated review of indicators of efficacy and effectiveness. *Clinical Psychology: Science and Practice* 18 (2): 154–172.

Chu, B.C. and Kendall, P.C. (2009) Therapist responsiveness to child engagement: flexibility within manualbased CBT for anxious youth. *Journal of Clinical Psychology* 65 (7): 736–754.

Creed, T.A. and Kendall, P.C. (2005) Therapist alliance-building behavior within a cognitive-behavioral treatment for anxiety in youth. *Journal of Consulting and Clinical Psychology* 73 (3): 498.

Dodge, K.A. (1985) Attributional bias in aggressive children. In: *Advances in Cognitive-Behavioural Research and Therapy*, vol. 4 (ed. P.C. Kendall) New York: Academic Press.

Ellis, A. (1962) *Reason and Emotion in Psychotherapy*. New York: Lyle-Stewart.（野口京子（1999）理性感情行動療法. 金子書房）

Fisher, E., Heathcote, L., Palermo, T.M. et al. (2014) Systematic review and meta-analysis of psychological therapies for children with chronic pain. *Journal of Pediatric Psychology* 39 (8): 763–782.

Fonagy, P., Cottrell, D., Phillips, J. et al. (2014) *What Works for Whom?: A Critical Review of Treatments for Children and Adolescents*. London: Guilford Publications.

Franklin, M.E., Kratz, H.E., Freeman, J.B. et al. (2015) Cognitive-behavioral therapy for pediatric obsessivecompulsive disorder: empirical review and clinical recommendations. *Psychiatry Research* 227 (1): 78–92.

Friedberg, R.D. and McClure, J.M. (2015) *Clinical Practice of Cognitive Therapy with Children and Adolescents: The Nuts and Bolts*. New York: Guilford Publications.

Garber, J. and Weersing, V.R. (2010) Comorbidity of anxiety and depression in youth: implications for treatment and prevention. *Clinical Psychology: Science and Practice* 17 (4): 293–306.

Gilbert, P. (2007) *Psychotherapy and Counselling for Depression*, 3e. SAGE.

Gilbert, P. (2014) The origins and nature of compassion focused therapy. *British Journal of Clinical Psychology* 53 (1): 6–41.

Gillies, D., Taylor, F., Gray, C. et al. (2013) Psychological therapies for the treatment of post-traumatic stress disorder in children and adolescents (review). *Evidence-Based Child Health: A Cochrane Review Journal* 8 (3): 1004–1116.

Graham, P. (2005) Jack Tizard lecture: cognitive behavior therapies for children: passing fashion or here to stay? *Child and Adolescent Mental Health* 10 (2): 57–62.

Hayes, S.C. (2004) Acceptance and commitment therapy, relational frame theory, and the third wave of behavioral and cognitive therapies. *Behavior Therapy* 35 (4): 639–665.

Hayes, S.C., Luoma, J.B., Bond, F.W. et al. (2006) Acceptance and commitment therapy: model, processes and outcomes. *Behaviour Research and Therapy* 44 (1): 1–25.

Hayes, S.C., Strosahl, K.D., and Wilson, K.G. (1999) *Acceptance and Commitment Therapy*. New York: Guilford Press.（谷晋二監訳，坂本律訳（2014）アクセプタンス＆コミットメント・セラピー実践ガイド——ACT理論導入の臨床場面別アプローチ．明石書店）

Hofmann, S.G., Sawyer, A.T., and Fang, A. (2010) The empirical status of the "new wave" of cognitive behavioral therapy. *Psychiatric Clinics of North America* 33 (3): 701–710.

Holmbeck, G.N., O'Mahar, K., Abad, M. et al. (2006) Cognitive-behavior therapy with adolescents: guides from developmental psychology. In: *Child and Adolescent Therapy: Cognitive-Behavioral Procedures* (ed. P.C. Kendall), 419–464. New York: Guilford Press.

James, A.C., James, G., Cowdrey, F.A. et al. (2013) Cognitive behavioural therapy for anxiety disorders in children and adolescents. *Cochrane Database Systematic Reviews* (6).

Kaplan, C.A., Thompson, A.E., and Searson, S.M. (1995) Cognitive behaviour therapy in children and adolescents. *Archives of Disease in Childhood* 73 (5): 472.

Karver, M.S., Handelsman, J.B., Fields, S., and Bickman, L. (2006) Meta-analysis of therapeutic relationship variables in youth and family therapy: the evidence for different relationship variables in the child and adolescent outcome treatment literature. *Clinical Psychology Review* 26: 50–65.

Kendall, P.C. (1994) Treating anxiety disorders in children: results of a randomized clinical trial. *Journal of Consulting and Clinical Psychology* 62: 100–110.

Kendall, P.C. and Hollon, S.D. (eds.) (1979) *Cognitive-Behavioural Interventions: Theory, Research and Procedures*. New York: Academic Press.

Kendall, P.C. and Panichelli-Mindel, S.M. (1995) Cognitive-behavioral treatments. *Journal of Abnormal Child Psychology* 23 (1): 107–124.

Kendall, P.C., Stark, K.D., and Adam, T. (1990) Cognitive deficit or cognitive distortion in childhood depression. *Journal of Abnormal Child Psychology* 18 (3): 255–270.

Koerner, K. (2012) *Doing Dialectical Behavior Therapy: A Practical Guide*. Guilford Press.

Leitenberg, H., Yost, L.W., and Carroll-Wilson, M. (1986) Negative cognitive errors in children: questionnaire development, normative data, and comparisons between children with and without self-reported symptoms of depression, low self-esteem, and evaluation anxiety. *Journal of Consulting and Clinical Psychology* 54 (4): 528.

Lewinsohn, P.M., Clarke, G.N., Hops, H., and Andrews, J. (1990) Cognitive behavioural treatment for depressed adolescents. *Behavior Therapy* 21: 385–401.

Linehan, M. (1993) *Cognitive-Behavioral Treatment of Borderline Personality Disorder*. Guilford Press.

Lochman, J.E., White, K.J., and Wayland, K.K. (1991) Cognitive-behavioural assessment and treatment with aggressive children. In: *Child and Adolescent Therapy: Cognitive-Behavioural Procedures* (ed. P.C. Kendall). New York: Guilford Press.

McLeod, B.D. (2011) Relation of the alliance with outcomes in youth psychotherapy: a meta-analysis. *Clinical Psychology Review* 31: 603–616.

McLeod, B.D. and Weisz, J.R. (2005) The therapy process observational coding system-alliance scale: measure characteristics and prediction of outcome in usual clinical practice. *Journal of Consulting and Clinical Psychology* 73: 323–333.

Meichenbaum, D.H. (1975) Self-instructional methods. In: *Helping People Change: A Textbook of Methods* (eds. F.H. Kanfer and A.P. Goldstein). New York: Pergamon.

Miller, W.R. and Rollnick, S. (1991) *Motivational Interviewing: Preparing People to Change Addictive Behaviour*. New York: Guilford Press.

Muris, P. and Field, A.P. (2008) Distorted cognition and pathological anxiety in children and adolescents. *Cognition and Emotion* 22 (3): 395–421.

Palermo, T.M., Eccleston, C., Lewandowski, A.S. et al. (2010) Randomized controlled trials of psychological therapies for management of chronic pain in children and adolescents: an updated meta-analytic review. *Pain* 148 (3): 387–397.

Pavlov, I. (1927) *Conditioning Reflexes*. Oxford: Oxford University Press.

Perry, D.G., Perry, L.C., and Rasmussen, P. (1986) Cognitive social learning mediators of aggression. *Child Development* 57 (3): 700–711.

Rehm, L.P. and Carter, A.S. (1990) Cognitive components of depression. In: *Handbook of Developmental Psychopathology*, 341–351. Springer.

Reynolds, S., Wilson, C., Austin, J., and Hooper, L. (2012) Effects of psychotherapy for anxiety in children and adolescents: a meta-analytic review. *Clinical Psychology Review* 32 (4): 251–262.

Rijkeboer, M.M. and de Boo, G.M. (2010) Early maladaptive schemas in children: development and validation of the schema inventory for children. *Journal of Behavior Therapy and Experimental Psychiatry* 41 (2): 102–109.

Russell, R., Shirk, S., and Jungbluth, N. (2008) First-session pathways to the working alliance in cognitive–behavioral therapy for adolescent depression. *Psychotherapy Research* 18 (1): 15–27.

Sauter, F.M., Heyne, D., and Westenberg, P.M. (2009) Cognitive behavior therapy for anxious adolescents: developmental influences on treatment design and delivery. *Clinical Child and Family Psychology Review* 12 (4): 310–335.

Schmidt, N.B., Joiner, T.E., Young, J.E., and Telch, M.J. (1995) The schema questionnaire: investigation of psychometric properties and the hierarchical structure of a measure of maladaptive schemas. *Cognitive Therapy and Research* 19 (3): 295–321.

Schniering, C.A. and Rapee, R.M. (2004) The structure of negative self-statements in children and adolescents: a confirmatory factor-analytic approach. *Journal of Abnormal Child Psychology* 32 (1): 95–109.

Segal, Z.V., Williams, J.M.G., and Teasdale, J.D. (2002) *Mindfulness and the Prevention of Depression: A Guide to the Theory and Practice of Mindfulness-Based Cognitive Therapy*. New York: Guilford Press.

Shafran, R., Fonagy, P., Pugh, K., and Myles, P. (2014) Transformation of mental health services for children and young people in England. In: *Dissemination and Implementation of Evidence-Based Practices in Child and Adolescent Mental Health* (eds. R.S. Beidas and P.C. Kendall), 158. New York: Oxford University Press.

de Shazer, S. (1985) *Keys to Solutions in Brief Therapy*. New York: W.W. Norton.

Shirk, S.R. and Karver, M. (2003) Prediction of treatment outcome form relationship variables in child and adolescent therapy: a meta-analytic review. *Journal of Consulting and Clinical Psychology* 71: 452–464.

Skinner, B.F. (1974) *About Behaviorism*. London: Cape.

Stallard, P. (2003) *Think Good, Feel Good: A Cognitive Behaviour Therapy Workbook for Children and Young People*. Chichester: Wiley.（下山晴彦監訳（2006）子どもと若者のための認知行動療法ワークブック――上手に考え，気分はスッキリ．金剛出版）

Stallard, P. (2005) *A Clinician's Guide to Think Good-Feel Good: Using CBT with Children and Young People*. Chichester: Wiley.（下山晴彦訳（2008）子どもと若者のための認知行動療法ガイドブック――上手に考え，気分はスッキリ．金剛出版）

Stallard, P. (2007) Early maladaptive schemas in children: stability and differences between a community and a clinic referred sample. *Clinical Psychology & Psychotherapy* 14 (1): 10–18.

Stallard, P. (2009) Cognitive behaviour therapy with children and young people. In: *Clinical Psychology in Practice* (eds. H. Beinart, P. Kennedy and S. Llewelyn), 117–126. Oxford: BPS Blackwell.

Stallard, P. (2013) Adapting cognitive behaviour therapy for children and adolescent. In: *Cognitive Behaviour Therapy for Children and Families*, 3e (eds. P. Graham and S. Reynolds). Cambridge: Cambridge University Press.

Stallard, P. and Rayner, H. (2005) The development and preliminary evaluation of a schema questionnaire for children (SQC). *Behavioural and Cognitive Psychotherapy* 33 (2): 217–224.

Thapar, A., Collishaw, S., Pine, D.S., and Thapar, A.K. (2012) Depression in adolescence. *The Lancet* 379 (9820): 1056–1067.

Turk, J. (1998) Children with learning difficulties and their parents. In: *Cognitive Behaviour Therapy for Children and Families* (ed. P. Graham). Cambridge: Cambridge University Press.

Whitaker, S. (2001) Anger control for people with learning disabilities: a critical review. *Behavioural and Cognitive Psychotherapy* 29 (03): 277–293.

Wolpe, J. (1958) *Psychotherapy by Reciprocal Inhibition*. Stanford, CA: Stanford University Press.

Young, J.E. (1994) *Cognitive Therapy for Personality Disorders: A Schema-Focused Approach* (rev. ed.). Professional Resource Press/Professional Resource Exchange.（福井至，貝谷久宣，不安・抑うつ臨床研究会監訳，福井至，笹川智子，菅谷渚，鈴木孝信，小山徹訳（2009）パーソナリティ障害の認知療法――スキーマ・フォーカスト・アプローチ．金剛出版）

Zhou, X., Hetrick, S.E., Cuijpers, P. et al. (2015) Comparative efficacy and acceptability of psychotherapies for depression in children and adolescents: a systematic review and network meta-analysis. <I>*World Psychiatry* 14 (2): 207–222.

索引

監訳者略歴

松丸未来 （まつまる みき）

1975年，東京生まれ。

1998年，英国レディング大学心理学部卒業。その間，合計16年間海外生活をし，様々な文化に触れる。2001年上智大学大学院文学研究科心理学専攻修了。

臨床心理士取得後，16年以上，スクールカウンセラーをしながら，産業分野での相談や東京大学大学院教育学研究科附属心理相談室臨床相談員，短期大学や大学院の非常勤講師，東京認知行動療法センターの心理士などもする。

専門は子どもの認知行動療法。臨床心理士・公認心理師。

著書 「子どもと若者のための認知行動療法セミナー——上手に考え，気分はスッキリ」（共著・金剛出版），「子どものこころが育つ心理教育授業のつくり方」（共著・岩崎学術出版社）

下山晴彦 （しもやま はるひこ）

1983年，東京大学大学院教育学研究科教育心理学専攻博士課程退学。

東京大学助手，東京工業大学専任講師，東京大学助教授を経て，現在東京大学大学院・臨床心理学コース教授。

博士（教育学：東京大学）。臨床心理士・公認心理師。

著書 「公認心理師スタンダードテキストシリーズ3 臨床心理学概論」（編著・ミネルヴァ書房），「臨床心理学入門」（編訳・東京大学出版会），「公認心理師技法ガイド」（編集主幹・文光堂），「公認心理師のための「発達障害」講義」（監修・北大路書房），「公認心理師必携精神医療・臨床心理の知識と技法」（編著・医学書院），「臨床心理フロンティアシリーズ認知行動療法入門」（編著・講談社），「臨床心理学をまなぶ2 実践の基本」（単著・東京大学出版会）

訳者略歴

浅田仁子 （あさだ きみこ）

静岡県生まれ。

お茶の水女子大学文教育学部文学科英文科卒。

社団法人日本海運集会所勤務，BABEL UNIVERSITY講師を経て，翻訳家に。

訳書 「マインドフル・ゲーム」「お母さんのためのアルコール依存症回復ガイドブック」「強迫性障害の認知行動療法」「トラウマとアディクションからの回復」（金剛出版），「サーノ博士のヒーリング・バックペイン」「RESOLVE」「ミルトン・エリクソンの催眠テクニックⅠ・Ⅱ」「ミルトン・エリクソン催眠療法」「人はいかにして蘇るようになったか」（春秋社），「パクス・ガイアへの道」（日本教文社），「山刀に切り裂かれて」（アスコム），「幸せになれる脳をつくる」（実務教育出版）などがある。

若者のための認知行動療法ワークブック
考え上手で，いい気分

2020年 4 月 30 日　発行
2024年 4 月 1 日　2 刷

著者──── ポール・スタラード
監訳者── 松丸未来　下山晴彦
訳者──── 浅田仁子

発行者──── 立石正信
発行所──── 株式会社 金剛出版
　　　　　〒112-0005 東京都文京区水道1-5-16　電話 03-3815-6661　振替 00120-6-34848

印刷・製本◉太平印刷社
ISBN978-4-7724-1760-0 C3011　　©2020 Printed in Japan

子どもの ための

著者 **ポール スタラード**
監訳者 松丸未来・下山晴彦

認知行動療法 ワークブック

上手に考え、気分はスッキリ

B5版 280頁 定価3080円

2006年に刊行した『認知行動療法ワークブック』の改訂版である。

今回の改訂版では「子どものための」と「若者のための」、認知行動療法ワークブックとして、活用対象を2つに分けている。

どちらもまずはCBTの概要から入り、後半ではワークシートを使ってCBTを身につけていく。

この本でCBTの考え方を自分のものにできれば、日々の生活も楽しいものに変わっていくだろう。

Think Good, Feel Good

A Cognitive Behavioural Therapy Workbook
for Children and Young People, Second Edition

子どもと認知行動療法は
とても相性がいい!!

本書は

小・中学生を対象

とした**ワークブック**である。

価格は10%税込です。